KB129322

완자
공부력

Q 왜 공부력을 키워야 할까요?

쓰기력

정확한 의사소통의 기본기이며 논리의 바탕

연필을 잡고 종이에 쓰는 것을 괴로워한다!
맞춤법을 몰라 정확한 쓰기를 못한다!
말은 잘하지만 조리 있게 쓰는 것이 어렵다!
그래서 글쓰기의 기본 규칙을 정확히 알고
써야 공부 능력이 향상됩니다.

어휘력

교과 내용 이해와 독해력의 기본 바탕

어휘를 몰라서 수학 문제를 못 푼다!
어휘를 몰라서 사회, 과학 내용 이해가 안 된다!
어휘를 몰라서 수업 내용을 따라가기 어렵다!
그래서 교과 내용 이해의 기본 바탕을
다지기 위해 어휘 학습을 해야 합니다.

독해력

모든 교과 실력 향상의 기본 바탕

글을 읽었지만 무슨 내용인지 모른다!
글을 읽고 이해하는 데 시간이 오래 걸린다!
읽어서 이해하는 공부 방식을 거부하려고 한다!
그래서 통합적 사고력의 바탕인 독해 공부로
교과 실력 향상의 기본기를 닦아야 합니다.

계산력

초등 수학의 핵심이자 기본 바탕

계산 과정의 실수가 잦다!
계산을 하긴 하는데 시간이 오래 걸린다!
계산은 하는데 계산 개념을 정확히 모른다!
그래서 계산 개념을 익히고 속도와 정확성을
높이기 위한 훈련을 통해 계산력을 키워야 합니다.

세상이 변해도
배움의 즐거움은
변함없도록

시대는 빠르게 변해도
배움의 즐거움은
변함없어야 하기에

어제의 비상은
남다른 교재부터
결이 다른 콘텐츠
전에 없던 교육 플랫폼까지

변함없는 혁신으로
교육 문화 환경의 새로운 전형을
실현해왔습니다.

비상은 오늘, 다시 한번
새로운 교육 문화 환경을 실현하기 위한
또 하나의 혁신을 시작합니다.

오늘의 내가 어제의 나를 초월하고
오늘의 교육이 어제의 교육을 초월하여
배움의 즐거움을 지속하는 혁신,

바로, 메타인지 기반 완전 학습을.

상상을 실현하는 교육 문화 기업 비상

메타인지 기반 완전 학습

초월을 뜻하는 meta와 생각을 뜻하는 인지가 결합한 메타인지는
자신이 알고 모르는 것을 스스로 구분하고 학습계획을 세우도록 하는
궁극의 학습 능력입니다. 비상의 메타인지 기반 완전 학습 시스템은
잠들어 있는 메타인지를 깨워 공부를 100% 내 것으로 만들도록 합니다.

ⓦ 완자

공부력

초등 한국사 독해
시대편 2

초등 한국사 독해 시대편 한눈에 보기

한국사 주요 주제

시대편 1권	선사 시대 ~ 남북국 시대	선사 문화와 고조선	구석기, 신석기, 청동기, 철기 시대
			우리 역사 최초의 국가, 고조선
			고조선의 발전과 사회 모습
			철기 시대의 여러 나라
		삼국의 성립과 발전	백제의 성립과 발전
			고구려의 성립과 발전
			신라의 성립과 발전
			가야 연맹의 성립과 발전
		삼국의 문화와 대외 교류	삼국 사람들의 생활 모습
			삼국의 종교와 학문
			삼국의 과학과 기술
			삼국의 고분 문화
			삼국과 가야의 대외 교류
		신라의 삼국 통일	수·당의 고구려 침입과 격퇴
			신라의 삼국 통일
			통일 신라의 통치 체제 정비
			통일 신라의 불교문화
		남북국의 발전과 변화	발해의 건국과 발전
			발해의 문화
			신라 말의 혼란과 후삼국의 성립

한국사 주요 주제

시대편 2권	고려 시대	고려의 건국과 통치 체제 정비	후삼국을 통일한 고려
			태조 왕건의 정책
			왕권의 안정과 체제 정비
		고려의 대외 관계	거란의 침입과 격퇴
			여진의 침입과 별무반의 편성
			고려와 주변 국가의 교류
		고려의 정치 변화	고려 문벌의 성립과 이자겸의 난
			묘청의 서경 천도 운동
			무신 정변과 무신 정권의 성립
			무신 정권기 백성의 삶
		몽골의 침략과 고려의 개혁	몽골의 침략과 고려의 대응
			몽골과의 전쟁으로 인한 피해와 강화
			원의 간섭과 권문세족의 성장
			공민왕의 개혁 정치
			고려 말 새롭게 등장한 세력
		고려의 생활과 문화	고려의 신분제와 가족 제도
			불교와 유학의 발달
			고려의 인쇄술 발달
			고려 시대 역사책의 편찬
			고려 시대의 공예와 불화

한국사 주요 주제를 반영한 글감을 통해
풍부한 역사 지식과 독해 실력을 키워요!

특징과 활용법

하루 4쪽 공부하기

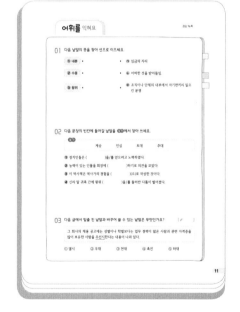

✳ 글을 읽고 문제를 풀면서 독해 능력을 키워요.

✳ 글의 흐름을 파악하면서 한국사 주요 사건에 대한 지식을 습득해요.

✳ 글에 나온 한국사 어휘를 다양한 문제를 통해 재미있게 익혀요.

✅ 책으로 하루 4쪽 공부하며, 초등 독해력을 키워요!

✅ 모바일앱으로 공부한 내용을 복습하고 몬스터를 잡아요!

공부한 내용 확인하기

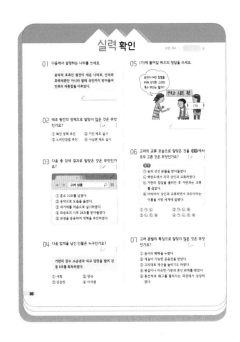

✳ 20일 동안 공부한 내용을 정리 💡 해 보며 자기의 실력을 확인해요.

모바일앱으로 복습하기

 앱 다운받기　 책 인증하기

✳ 그날 배운 내용을 바로바로, 또는 주말에 모아서 복습하고, 다이아몬드 획득까지! 💎 공부가 저절로 즐거워져요!

차례

우리도 하루 4쪽 공부 습관!
스스로 공부하는 힘을
키워 볼까요?

큰 습관이
지금은 그 친구를 이끌고 있어요.
매일매일의 좋은 습관은 우리를 좋은
곳으로 이끌어줄 거예요.

한 친구가
작은 습관을 만들었어요.

매일매일의 시간이 흘러
작은 습관은 큰 습관이 되었어요.

후삼국을 통일한 고려

글을 읽으면서 중요하다고 생각하는 낱말에 색칠해 보세요.

가 송악(개성)의 호족인 왕건은 궁예의 신하가 되어 후고구려의 건국을 도왔어요. 또한 후백제와의 전투에 참여해 금성(나주)을 차지하는 등 뛰어난 공을 세웠지요. 이러한 공을 인정받아 왕건은 태봉(후고구려의 바뀐 이름)의 최고 관직인 시중의 지위에까지 올랐어요.

나 한편, 궁예는 호족들을 억누르고 자신에게 반대하는 사람을 죽이는 등 난폭한 정치를 펼쳐 ^❶민심을 잃었어요. 스스로를 백성을 구하는 미래의 부처인 미륵불이라 칭하기도 하였지요. 이러한 궁예의 횡포를 견디다 못한 신하들은 궁예를 내쫓고 왕건을 왕으로 ^❷추대하였어요. 918년 왕이 된 왕건은 고구려를 이어받는다는 뜻에서 나라 이름을 고려로 바꾸고, 이듬해에는 수도를 철원에서 송악으로 옮겼어요.

다 고려는 신라 왕실을 ^❸우대하는 정책을 펼친 반면 후백제와는 세력을 넓히기 위해 대립하였어요. 고려는 고창 전투에서 후백제에 승리를 거두면서 후백제를 앞서 나가기 시작하였어요. 이러한 상황에서 후백제에서는 견훤의 아들들 사이에서 ^❹왕위 계승을 둘러싸고 ^❺내분이 일어났어요. 견훤이 넷째 아들에게 왕위를 물려주려 하자 큰아들이 이에 반대해 견훤을 왕의 자리에서 몰아내고 금산사에 가둔 것이지요. 금산사를 간신히 빠져나온 견훤은 고려로 넘어와 보호를 요청하였어요. 힘이 약해진 신라 경순왕도 나라를 더 이상 유지하기 어렵다고 여겨 스스로 고려에 항복하였어요. 이후 936년에 고려는 후백제와 전투를 벌여 후백제를 멸망시키고 후삼국을 통일하게 되었답니다.

라 고려의 후삼국 통일은 다른 나라의 힘을 빌리지 않고 통일을 이루었다는 점에서 의의가 있어요. 또한 후백제와 신라를 통합한 것뿐만 아니라 고구려를 계승한 발해 유민까지 ^❻수용하여 민족의 ^❼재통합을 이루었답니다. 이로써 고려는 새로운 민족 문화를 발달시킬 수 있는 ^❽토대를 마련하게 된 것이지요.

중심 낱말 찾기

01 각 문단의 중심 낱말을 찾아 쓰세요.

가 문단: 송악의 호족인 ☐☐ 의 활약

나 문단: ☐☐ 의 건국

다 문단: 고려의 ☐☐☐ 통일

라 문단: 고려의 후삼국 통일이 가지는 ☐☐

내용 이해

02 이 글의 내용과 일치하는 것은 무엇인가요? [✏️]

① 왕건이 후백제를 세웠다.

② 신라가 후삼국을 통일하였다.

③ 왕건이 후백제의 건국을 도왔다.

④ 궁예를 몰아낸 왕건이 고려를 세웠다.

⑤ 고려는 신라 왕실과 무력으로 대립하였다.

내용 이해

03 후삼국 통일 과정에서 있었던 일을 순서에 맞게 번호를 쓰세요.

왕건은 후백제를 멸망시키고 후삼국을 통일하였다.

신라 경순왕이 스스로 고려에 항복하였다.

왕건이 고려를 세우고 수도를 송악으로 옮겼다.

왕건은 궁예의 신하가 되어 큰 공을 세웠다.

---

❶ **민심**: 백성의 마음

❷ **추대**: 윗사람으로 떠받듦.

❸ **우대**: 특별히 잘 대우함. 또는 그런 대우

❹ **왕위**: 임금의 자리

❺ **내분**: 조직이나 단체의 내부에서 자기편끼리 일으킨 분쟁

❻ **수용**: 어떠한 것을 받아들임.

❼ **재통합**: 하나로 모았다 나눈 것을 다시 합함.

❽ **토대**: 어떤 사물이나 사업의 밑바탕이 되는 기초와 밑천

04 다음 원인과 결과를 선으로 이으세요.

원인

① 후백제에서 왕위 계승을 둘러싸고 내분이 일어났다.

② 궁예가 호족들을 억누르고 난폭한 정치를 펼쳤다.

③ 왕건이 후고구려 건국과 후백제와의 전투에서 큰 공을 세웠다.

결과

㉠ 신하들이 궁예를 몰아내고 왕건을 왕으로 추대하였다.

㉡ 견훤이 큰아들에게 왕위를 빼앗기고 고려로 넘어왔다.

㉢ 왕건이 태봉의 최고 관직인 시중이라는 지위에 올랐다.

05 다음 빈칸을 채워 이 글의 내용을 정리하세요.

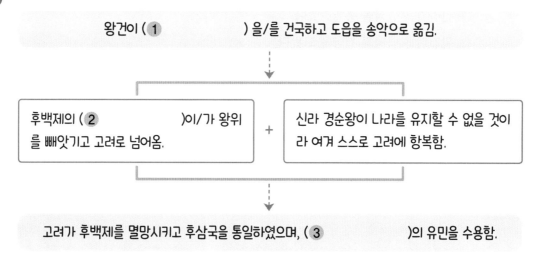

왕건이 (①   ) 을/를 건국하고 도읍을 송악으로 옮김.

후백제의 (②   )이/가 왕위를 빼앗기고 고려로 넘어옴. **+** 신라 경순왕이 나라를 유지할 수 없을 것이라 여겨 스스로 고려에 항복함.

고려가 후백제를 멸망시키고 후삼국을 통일하였으며, (③   )의 유민을 수용함.

06 고려의 후삼국 통일의 의의를 바르게 말한 어린이는 누구이며, 그 근거는 무엇인지 쓰세요.

선미 유교가 크게 진흥하는 데 기여하였어.

인영 지방 호족 세력이 모두 몰락하여 왕권이 강화되었어.

재윤 민족이 재통합되어 새로운 민족 문화가 발달할 수 있는 토대를 마련하였어.

- 어린이: ✎ _____

- 근거: ✎ _____

어휘를 익혀요

01 다음 낱말의 뜻을 찾아 선으로 이으세요.

1 내분 •

2 수용 •

3 왕위 •

• ㄱ 임금의 자리

• ㄴ 어떠한 것을 받아들임.

• ㄷ 조직이나 단체의 내부에서 자기편끼리 일으킨 분쟁

02 다음 문장의 빈칸에 들어갈 낱말을 보기 에서 찾아 쓰세요.

보기

계승　　　민심　　　토대　　　추대

1 정치인들은 (　　　　　)을/를 얻으려고 노력하였다.

2 능력이 있는 인물을 회장에 (　　　　　)하기로 의견을 모았다.

3 이 역사책은 역사가의 경험을 (　　　　　)(으)로 작성한 것이다.

4 신라 말 귀족 간에 왕위 (　　　　　)을/를 둘러싼 다툼이 벌어졌다.

03 다음 글에서 밑줄 친 낱말과 바꾸어 쓸 수 있는 낱말은 무엇인가요? [　　　]

그 회사의 채용 공고에는 성별이나 학벌보다는 업무 경력이 많은 사람과 관련 자격증을 많이 보유한 사람을 <u>우선시</u>한다는 내용이 나와 있다.

① 멸시　　② 우대　　③ 천대　　④ 촉진　　⑤ 하대

태조 왕건의 정책

글을 읽으면서 중요하다고 생각하는 낱말에 색칠해 보세요.

가 태조 왕건은 고려를 세운 직후부터 고려가 고구려를 이어받은 나라임을 분명히 하였어요. 발해 역시 고구려를 이어받은 나라였기 때문에 발해를 멸망시킨 거란을 멀리하고 ❶국교를 끊었어요. 태조는 고구려의 옛 땅을 되찾기 위해 북으로 나아가는 북진 정책을 펼쳐 고구려의 수도였던 서경(평양)에 새로 성을 쌓고 북진 정책의 ❷기지로 삼았답니다. 그 결과 태조 말에는 고려의 영토가 청천강에서 영흥만에 이르는 지역까지 넓어졌어요.

나 태조는 ❸민생 안정을 위해 힘썼어요. 세금을 지나치게 거두지 못하게 하여 백성의 생활을 안정시키고, 가난한 사람이 굶주리지 않도록 곡식을 빌려주는 기관을 운영하였어요.

다 태조는 정치를 안정시키기 위해 호족을 존중하는 정책을 펼쳤어요. ㉠태조는 세력이 큰 호족들에게 왕씨 성, 관직, 토지 등을 내려 주고 호족의 딸들과 결혼하였 어요. 이로 인해 태조의 부인은 무려 스물아홉 명이나 되었답니다. 결혼 정책으로 인해 태조가 죽은 후 자식들 간에 왕위 다툼이 일어났어요. 한편, 태조는 지방 통치를 보완하고 호족을 ❹견제하기 위해 사심관 제도와 기인 제도를 실시하였어요. 사심관 제도는 호족을 사심관으로 삼아 그들의 출신 지역을 다스리게 하는 제도이고, 기인 제도는 호족의 자제를 수도에 머물게 하여 ❺볼모로 삼는 제도예요.

라 태조는 백성의 마음을 하나로 모으기 위해 불교를 ❻장려하는 정책을 펼쳤어요. 이에 따라 불교 행사를 성대하게 열고, 지방 곳곳에 절을 많이 지었어요.

마 태조는 자신의 정치 이념과 사상을 훈요 10조로 정리하여 후대 왕들이 지킬 것을 당부하였어요. 훈요 10조에는 불교를 장려하면서도 유교와 풍수지리설 등 다양한 사상을 존중하며, 중국 문화를 고려의 입장에서 ❼주체적으로 수용할 것 등의 내용이 담겨 있어요.

중심 낱말 찾기

01 각 문단의 중심 낱말을 찾아 쓰세요.

가 문단: 고려의 고구려 계승 의식과 ☐☐ 정책

나 문단: 태조의 ☐☐ 안정 노력

다 문단: 태조의 ☐☐ 존중, 견제 정책

라 문단: 태조의 ☐☐ 장려 정책

마 문단: ☐☐☐ 에 담긴 태조의 정치 이념과 사상

내용 이해

02 다음 내용이 맞으면 ○, 틀리면 ✕에 표시하세요.

❶ 태조 왕건은 거란과 국교를 맺었다. [○ / ✕]

❷ 고려는 건국 초부터 북진 정책을 펼쳤다. [○ / ✕]

❸ 태조 말 고려의 영토는 청천강에서 영흥만에 이르렀다. [○ / ✕]

❹ 태조 왕건은 세금을 줄여 백성의 생활을 안정시키려 하였다. [○ / ✕]

내용 이해

03 고려 태조가 ㉠의 정책을 펼친 이유를 바르게 말한 어린이는 누구인지 쓰세요.

다연	정치를 안정시키기 위해서였어.
진석	고구려의 옛 땅을 되찾기 위해서였어.
혜미	가난한 사람들이 굶주리지 않도록 하기 위해서였어.

❶ **국교**: 나라와 나라 사이에 맺는 외교 관계

❷ **기지**: 군대, 탐험대 등의 활동 기점이 되는 근거지

❸ **민생**: 일반 국민의 생활 및 생계

❹ **견제**: 상대편이 지나치게 세력을 펴거나 자유롭게 행동하지 못하게 억누름.

❺ **볼모**: 약속을 행하는 담보로 상대편에 잡혀 두는 사람이나 물건

❻ **장려**: 좋은 일에 힘쓰도록 북돋아 줌.

❼ **주체적**: 어떤 일을 실천하는 데 자유롭고 자주적인 성질이 있는 것

04 이 글의 내용과 일치하지 <u>않는</u> 것은 무엇인가요?

① 고려는 서경을 북진 정책의 기지로 삼았다.

② 태조 왕건은 호족을 억압하여 호족의 반발을 샀다.

③ 고려는 건국 직후부터 고구려 계승 의식을 드러냈다.

④ 태조 왕건은 사심관 제도와 기인 제도를 실시하였다.

⑤ 고려는 건국 초 불교를 장려하여 지방 곳곳에 절을 많이 지었다.

05 훈요 10조에 대해 정리한 내용으로 알맞지 <u>않은</u> 것을 골라 기호를 쓰세요.

- 남긴 인물: ㉠ <u>고려의 태조</u>
- 남긴 목적: ㉡ <u>후대 왕들이 지킬 것을 당부함.</u>
- 담긴 내용
  - ㉢ <u>중국 문화는 무조건 수용할 것</u>
  - ㉣ <u>불교, 유교, 풍수지리설 등 다양한 사상을 인정할 것</u>

06 다음 빈칸에 들어갈 알맞은 내용을 쓰세요.

> 태조 왕건은 호족의 딸들과 결혼하여 스물아홉 명의 부인을 두고 그 사이에서 스물다섯 명의 아들을 낳았다. 이러한 결혼 정책으로 태조가 죽은 후 _____

07 이 글을 토대로 태조 왕건이 바란 고려의 모습을 추론한 것으로 알맞지 <u>않은</u> 것은 무엇인가요?

① 고구려를 계승한 나라   ② 불교를 장려하는 나라

③ 호족이 통치하는 나라   ④ 백성의 생활이 안정된 나라

⑤ 중국 문화를 주체적으로 수용하는 나라

어휘를 익혀요

01 다음 뜻을 나타내는 낱말에 ○표 하세요.

1 일반 국민의 생활 및 생계 [민간 / 민생]

2 나라와 나라 사이에 맺는 외교 관계 [교섭 / 국교]

3 군대, 탐험대 따위의 활동의 기점이 되는 근거지 [기지 / 토대]

4 약속을 행하는 담보로 상대편에 잡혀 두는 사람이나 물건 [노예 / 볼모]

02 다음 빈칸에 들어갈 낱말을 찾아 선으로 이으세요.

1 견제 •

2 북진 •

3 주체적 •

• ㄱ 고구려에서는 귀족들이 제가 회의를 개최하여 왕의 권력을 (   )하였다.

• ㄴ 국민 한 사람 한 사람이 정치의 주인이라는 (   ) 시민 의식을 가져야 한다.

• ㄷ 국군과 유엔군은 서울을 되찾은 뒤 38도선을 향하여 (   )하였다.

03 다음 뜻을 나타내는 낱말이 들어갈 문장으로 알맞은 것은 무엇인가요? [   ]

□□ : 좋은 일에 힘쓰도록 북돋아 줌.

① 어릴 때부터 저축하는 습관을 갖도록 □□ 한다.

② 발해는 스스로 고구려를 □□ 하였음을 드러냈다.

③ 삼국은 서양의 여러 나라와도 활발하게 □□ 하였다.

④ 귀족의 세력이 강해지지 않도록 억눌러 □□ 하였다.

⑤ 나라를 다스리는 통치자들은 □□ 을 안정하려 노력하였다.

03 왕권의 안정과 체제 정비

글을 읽으면서 중요하다고 생각하는 낱말에 색칠해 보세요.

가 고려에서는 태조가 죽은 뒤 왕실의 ^❶외척이 된 호족들이 자신과 ^❷혈연관계에 있는 왕자를 왕위에 올리려 하였어요. 이로 인해 왕위 계승을 둘러싼 갈등이 심하였어요. 왕위 계승 다툼이 계속되면서 태조의 뒤를 이어 왕위에 오른 혜종과 정종 대에는 왕권이 몹시 불안정하였답니다.

나 이러한 상황에서 광종이 왕으로 즉위하였어요. 광종은 호족 세력을 약화시키고 왕권을 강화하기 위해 적극적으로 노력하였어요. 우선, 노비안검법을 실시하여 원래 노비가 아니었으나 전쟁에서 포로로 잡혔거나 지방 호족에 의해 강제로 노비가된 자를 양인으로 해방하였어요. 호족들은 노비에게 땅을 일구도록 해 재산을 늘리고, 노비를 자신의 군사로 이용할 수도 있었어요. 노비안검법을 실시해 많은 노비를 양인으로 되돌린다면 호족의 경제적, 군사적 기반을 약화시킬 수 있게 되는 것이었지요. 또한 광종은 과거제를 실시하여 유교적 학식과 능력을 갖춘 인재를 선발하였어요. 과거제를 통해 인재를 ^❸등용하면 국왕에게 충성하는 관리로 삼을 수 있기 때문에 왕권을 강화하는 데 도움이 되었어요. 한편, 광종은 자신의 개혁 정책에 불만을 가진 ^❹공신과 호족을 대대적으로 숙청하였어요. 그리고 스스로를 황제라 칭하고 독자적인 ^❺연호를 사용하여 국가의 ^❻위상을 높이도록 하였어요.

다 성종은 강화된 왕권을 바탕으로 국왕과 신하가 조화를 이루는 정치를 이루려 하였으며, 통치 제도를 정비하였어요. 당시 고려의 재상이었던 최승로는 성종에게 나랏일과 관련해 자신의 의견을 담은 시무 28조를 건의하였어요. 성종은 이 건의를 받아들여 유교 정치사상을 통치의 근본이념으로 삼았어요. 각지에 ^❼지방관을 파견하고 중앙 ^❽관제를 마련하는 등 여러 제도도 정비하였답니다. 또한 불교 행사와 토착 신앙 행사가 빈번하게 열리는 것을 억제하여 국가 재정 낭비를 줄이는 데에도 힘을 기울였어요.

중심 낱말 찾기

01 다음에서 설명하는 법을 이 글에서 찾아 쓰세요.

> 고려 광종 때 실시한 법으로, 원래 노비가 아니었으나 전쟁에서 포로로 잡혔거나 지방 호족에 의해 강제로 노비가 된 자를 양인으로 해방하였다.

내용 이해

02 다음 내용이 맞으면 ○, 틀리면 ✕에 표시하세요.

❶ 고려 광종은 스스로를 황제라 칭하였다. [○ / ✕]

❷ 고려에서는 태조 때 과거제를 실시하였다. [○ / ✕]

❸ 고려에서는 태조가 죽은 뒤 혜종과 정종 대에 왕권이 몹시 불안정하였다. [○ / ✕]

내용 이해

03 광종의 정책으로 알맞은 것에 ○표 하세요.

과거제 실시 ▢		지방관 파견 ▢
	중국의 연호 사용 ▢	
노비안검법 실시 ▢		공신과 호족 숙청 ▢

❶ **외척**: 어머니 쪽의 친척

❷ **혈연**: 같은 핏줄에 의하여 연결된 인연

❸ **등용**: 인재를 뽑아서 씀.

❹ **공신**: 나라를 위하여 특별한 공을 세운 신하

❺ **연호**: 임금이 즉위한 해에 붙이던 칭호

❻ **위상**: 어떤 사물이 다른 사물과의 관계 속에서 가지는 위치나 상태

❼ **지방관**: 각 지방에 머물면서 일반 행정 사무를 맡아보는 관리

❽ **관제**: 국가의 행정 조직 및 권한을 정하는 법규

04 다음 정책과 그 정책을 실시한 목적을 선으로 이으세요.

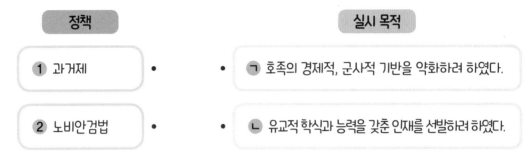

정책		실시 목적
① 과거제	• •	ㄱ 호족의 경제적, 군사적 기반을 약화하려 하였다.
② 노비안검법	• •	ㄴ 유교적 학식과 능력을 갖춘 인재를 선발하려 하였다.

05 이 글의 내용과 일치하도록 다음 빈칸에 들어갈 알맞은 말을 쓰세요.

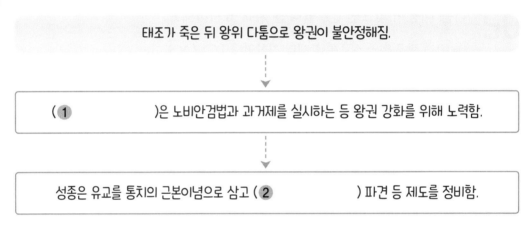

태조가 죽은 뒤 왕위 다툼으로 왕권이 불안정해짐.

(①)은 노비안검법과 과거제를 실시하는 등 왕권 강화를 위해 노력함.

성종은 유교를 통치의 근본이념으로 삼고 (②) 파견 등 제도를 정비함.

06 이 글을 읽은 학생이 다음 자료를 남긴 인물에 대해 말한 내용으로 알맞은 것을 보기 에서 모두 골라 기호를 쓰세요.

제7조 임금께서 백성의 집집마다 가서 날마다 돌볼 수는 없습니다. 수령을 파견하여 백성을 돌보게 하십시오.

제20조 불교를 믿는 것은 자신을 수양하는 근본이며, 유교를 행하는 것은 나라를 다스리는 근원입니다.
    – 시무 28조

보기

ㄱ 불교 행사를 줄이자고 하였어.
ㄴ 호족의 지방 통치를 주장하였어.
ㄷ 거란의 사상과 제도를 받아들이자고 하였어.
ㄹ 유교를 통치의 근본이념으로 삼자고 하였어.

어휘를 익혀요

01 다음 낱말의 뜻을 찾아 선으로 이으세요

1 관제 •

2 연호 •

3 위상 •

• ㄱ 임금이 즉위한 해에 붙이던 칭호

• ㄴ 국가의 행정 조직 및 권한을 정하는 법규

• ㄷ 어떤 사물이 다른 사물과의 관계 속에서 가지는 위치나 상태

02 다음 대화의 ㄱ~ㄷ에 들어갈 낱말을 보기에서 찾아 쓰세요.

보기

공신   등용   숙청

시험을 치러 뽑기도 했고 나라에 공을 세운 (ㄴ)의 자손에게 혜택을 주기도 했어.

그러면 (ㄴ)의 힘이 너무 강해지는 거 아니에요?

그래서 때로는 왕들이 반대파를 없애는 (ㄷ)을 통해 왕권을 강화하기도 했단다.

옛날에는 나라에서 인재를 어떻게 (ㄱ)했어요?

✏ ㄱ: ㄴ: ㄷ:

03 다음 밑줄 친 말들을 모두 포함할 수 있는 낱말로 알맞은 것은 무엇인가요? [✏]

왕이 어린 나이에 즉위하자 왕의 어머니가 왕을 대신해 나랏일을 돌보았다. 이로 인해 왕의 <u>외조부, 외삼촌, 외사촌</u>이 막강한 권력을 갖고 정치에 영향력을 행사하였다.

① 본가   ② 부계   ③ 외척   ④ 직계   ⑤ 친가

거란의 침입과 격퇴

글을 읽으면서 중요하다고 생각하는 낱말에 색칠해 보세요.

가 당이 멸망한 후 동아시아에서는 세력을 키운 거란이 나라를 세웠고, 송이 중국을 다시 통일하였어요. 고려는 거란이 세력을 넓히고 발해를 멸망시키자 거란을 멀리하는 한편 송과는 ¹우호적으로 지냈어요. 송과 거란이 대립하는 가운데 고려는 송과 교류하며 중국의 문물을 수용하였지요.

나 거란은 송을 공격하기에 앞서 고려와 송의 관계를 끊기 위해 고려에 침입하였어요. 거란과의 첫 전투에서 패하자 고려 내에서는 불안감이 높아졌어요. 왕과 ²대응 방안을 논의하는 자리에서 일부 신하는 거란에 항복해야 한다고 주장하였으나 서희는 이에 반대하였어요. 서희는 거란이 고려를 정복하기 위한 것이 아니라 고려와 송의 관계를 끊기 위해 침입하였다는 것을 눈치챘어요. 그래서 적의 ³진영으로 가서 거란의 장수 소손녕과 외교 ⁴담판을 벌였어요. 서희는 고려가 송과의 관계를 끊고 거란과 교류할 것을 약속하였어요. 그 대신 고려는 압록강 동쪽의 ⁵요충지인 강동 6주를 차지하게 되었답니다.

다 거란은 고려와 송이 계속 친하게 지내자 이를 문제 삼아 다시 고려를 침입하였어요. 거란의 2차 침입으로 고려는 한때 개경(개성)을 빼앗기기도 하였어요. 그러나 양규 등이 돌아가는 거란군을 끈질기게 공격해 큰 피해를 주었어요.

라 거란은 2차 침입 이후 고려에 강동 6주를 돌려 달라고 요구하였어요. 그러나 고려는 이를 거절하고 고려의 왕이 거란 황제를 만나러 간다는 약속도 지키지 않았어요. 그러자 거란은 고려에 3차 침입을 하였어요. 고려는 거란의 침입에 대비해 ⁶물자를 준비하고 군사를 훈련하였어요. 거란은 10만 대군을 이끌고 고려를 침략했지만 고려군에 패하였고, 개경(개성)을 함락하지도 못했어요. 이에 거란은 철수를 결정하였지요. 1019년 강감찬을 비롯한 고려군은 돌아가는 거란군을 귀주에서 크게 물리쳤는데, 이를 귀주 ⁷대첩이라고 해요.

중심 낱말 찾기

01 각 문단의 중심 낱말을 찾아 쓰세요.

가 문단: 거란의 성장과 ☐ 의 중국 통일

나 문단: 거란의 1차 침입과 ☐☐ 의 담판

다 문단: 거란의 2차 침입과 ☐☐ 의 활약

라 문단: 거란의 3차 침입과 강감찬의 ☐☐☐

내용 이해

02 이 글의 내용과 일치하도록 괄호 안의 낱말 중 알맞은 것에 ◯표 하세요.

1 고려는 거란을 경계하는 한편 [당 / 송]과 우호적으로 지냈다.

2 고려의 [강감찬 / 을지문덕]은 귀주에서 거란군을 크게 물리쳤다.

3 거란의 1차 침입 때 고려는 외교 담판을 벌여 [강화도 / 강동 6주]를 차지하였다.

4 고려의 [서희 / 최승로]는 소손녕에게 송과의 관계를 끊고 거란과 교류할 것을 약속하였다.

내용 이해

03 이 글의 내용과 일치하지 <u>않는</u> 것은 무엇인가요? [✐]

① 거란은 고려를 정복하였다.

② 고려의 서희가 거란의 소손녕과 담판을 벌였다.

③ 거란의 2차 침입 때 고려의 양규가 활약하였다.

④ 거란은 고려에 강동 6주를 돌려줄 것을 요구하였다.

⑤ 거란의 3차 침입 때 강감찬이 귀주에서 거란군에 승리하였다.

---

❶ **우호적**: 개인끼리나 나라끼리 서로 사이가 좋음.

❷ **대응**: 어떤 일이나 사태에 맞추어 태도나 행동을 취함.

❸ **진영**: 군대가 진을 치고 있는 곳

❹ **담판**: 서로 맞선 관계에 있는 둘이 의논하여 옳고 그름을 판단함.

❺ **요충지**: 땅의 생긴 모양이나 형세가 군사적으로 아주 중요한 곳

❻ **물자**: 어떤 활동을 하는 데 필요한 여러 가지 물건이나 재료

❼ **대첩**: 크게 이김. 또는 큰 승리

04 다음 내용과 관련이 있는 문단의 기호를 쓰세요.

> 거란이 대군을 이끌고 고려를 침략하였다. 거란군은 계속 개경을 향해 진격하였으나 병력 손실이 커지자 철수를 결정하였고, 고려군은 거란군이 귀주에 도착하였을 때 총공격하였다.

✎ _____

05 (가)에 들어갈 내용으로 알맞은 것은 무엇인가요? [✎   ]

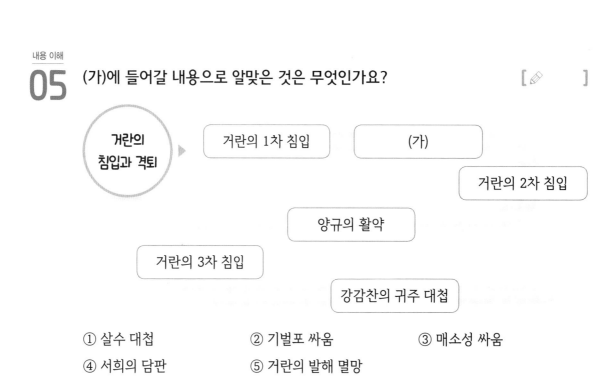

① 살수 대첩   ② 기벌포 싸움   ③ 매소성 싸움

④ 서희의 담판   ⑤ 거란의 발해 멸망

06 거란의 소손녕이 고려의 서희에게 다음과 같이 주장한 의도로 알맞은 것은 무엇인가요? [✎   ]

> 그대 나라가 신라 땅에서 일어났고, 고구려 땅은 거란의 소유인데 고려가 차지하였고, 또 우리와 국경을 접하였는데도 바다 넘어 송을 섬기므로 이번에 정벌하게 된 것이다.

① 발해를 부흥시키기 위해

② 강동 6주를 차지하기 위해

③ 금과 우호 관계를 맺기 위해

④ 고려와 송의 관계를 끊기 위해

⑤ 여진 정벌에 앞서 고려를 압박하기 위해

어휘를 익혀요

01 다음 낱말의 뜻을 찾아 선으로 이으세요.

1 담판 •

2 진영 •

3 요충지 •

• ㉠ 군대가 진을 치고 있는 곳

• ㉡ 땅의 생긴 모양이나 형세가 군사적으로 아주 중요한 곳

• ㉢ 서로 맞선 관계에 있는 둘이 의논하여 옳고 그름을 판단함.

02 신문 기사의 ㉠, ㉡에 들어갈 낱말을 알맞게 짝지은 것은 무엇인가요? [✎]

한국사 신문

20○○. ○○. ○○.

외교 장관 간 회담이 개최되다

우리나라와 ○○의 외교 장관은 이번 회담에서 양국이 (㉠   )인 관계를 맺어 서로 협력하기로 합의하였다. 이 회담을 계기로 양국 간 교류가 더욱 활발해질 것으로 보이며, 육로와 해로를 통한 (㉡   )의 이동도 크게 늘어날 것으로 보인다.

	㉠	㉡		㉠	㉡
①	대립적	물자	②	대립적	원조
③	우호적	물자	④	우호적	원조
⑤	적대적	물자			

03 다음 글에서 밑줄 친 낱말과 바꾸어 쓸 수 있는 낱말은 무엇인가요? [✎]

발해는 선왕 때 전성기를 이루었으나 10세기경 동아시아의 국제 정세 변화에 적절히 <u>대처</u>하지 못하였다. 이로 인해 점차 나라의 힘이 약해졌고, 결국 거란에게 멸망하였다.

① 대응   ② 대조   ③ 도발   ④ 소통   ⑤ 조화

23

여진의 침입과 별무반의 편성

글을 읽으면서 중요하다고 생각하는 낱말에 색칠해 보세요.

가 고려의 동북방 지역에서는 여진이 부족 단위로 흩어져 살고 있었고 고려는 여진과 큰 문제없이 지내고 있었어요. 고려는 여진의 지배자에게 관직을 주기도 하고, 고려 백성이 된 여진 사람들에게 집과 땅을 주기도 하는 등 여진을 ^❶회유하였어요. 여진도 고려에 말이나 가죽 같은 ^❷토산물을 바치며 고려를 부모의 나라로 섬겼지요. 그러던 여진이 12세기에 이르러 부족 중 하나인 완옌부를 중심으로 통합하면서 세력이 강해졌어요. 여진은 고려의 국경을 자주 침략하였고 ^❸기병이 강하였던 여진 군사에게 ^❹보병 중심의 고려군은 번번이 패하였어요. 이로 인해 국경 지역에 살던 고려 사람들이 고통을 받았어요.

나 숙종 때 윤관은 여진과의 전투에서 패배하였던 경험을 토대로 여진 정벌을 위해 별무반을 조직하였어요. 별무반은 기병을 중심으로 보병, 승병으로 이루어진 특수 부대였어요. 예종 때 윤관은 별무반을 이끌고 여진을 정벌하여 승리를 거두었어요. 그리고 여진을 몰아낸 뒤 동북 지방에 9개의 성을 쌓고 고려의 영토로 삼아 고려 백성이 살도록 하였어요. 이 지역을 일컬어 동북 9성이라고 해요. 여진은 이 지역을 돌려달라고 요구하며 끊임없이 쳐들어왔어요. 고려는 동북 9성을 계속 ^❺방어하는 데 어려움을 겪게 되자 결국 동북 9성에 머물던 군사와 백성을 돌려보내고 이 지역을 여진에게 돌려주었어요.

다 이후 여진은 세력을 키워 금을 세우고 고려에 형제 관계를 맺을 것을 제의하였어요. 금은 더욱 강성해져 거란(요)을 멸망시키고 송을 남쪽으로 밀어내 중국의 화북 지방을 차지하였어요. 금은 고려에 신하의 나라가 되어 ^❻사대할 것을 요구하였어요. 고려 ^❼조정에서는 이에 반대하는 의견이 많았어요. 그러나 당시 집권 세력이 금의 요구를 받아들이면서 금에 사대하였고 태조 때부터 이어오던 고려의 북진 정책도 사실상 끊어지게 되었어요.

정답 100쪽

중심 낱말 찾기

01 각 문단의 중심 낱말을 찾아 쓰세요.

가 문단: 고려와 〔　〕〔　〕의 관계

나 문단: 윤관이 이끈 〔　〕〔　〕〔　〕의 여진 정벌

다 문단: 〔　〕의 사대 요구 수용

내용 이해

02 다음 밑줄 친 부분에 들어갈 내용을 가 문단에서 찾아 쓰세요.

> 고려의 동북방 지역에서 부족 단위로 흩어져 살고 있던 여진은 고려를 부모의 나라로 섬
> 겼으나 12세기에 이르러 부족 중 하나인 완옌부를 중심으로 통합하면서 _____

🖊

내용 이해

03 이 글을 읽고 별무반에 대해 <u>잘못</u> 말한 어린이는 누구인지 쓰세요.

고려의 일반 부대였어.

다연

기병 중심의 부대였어.

진석

윤관이 여진을 정벌하기 위해 조직하였어.

혜미

---

❶ **회유:** 어루만지고 잘 달래어 시키는 말을 듣도록 함.

❷ **토산물:** 그 지방에서 특유하게 나는 물건

❸ **기병:** 말을 타고 싸우는 병사

❹ **보병:** 걸어서 행군하는 병사로, 육군의 주력을 이룸.

❺ **방어:** 상대편의 공격을 막음.

❻ **사대:** 약자가 강자를 섬김.

❼ **조정:** 임금이 나라의 정치를 신하들과 의논하거나 집행하
는 곳. 또는 그런 기구

04 고려가 여진에 동북 9성을 돌려준 이유로 알맞은 것은 무엇인가요? [✎]

① 여진이 금을 세웠기 때문에

② 여진의 요청과 방어의 어려움 때문에

③ 여진이 거란(요)을 멸망시켰기 때문에

④ 고려의 윤관이 별무반을 조직하였기 때문에

⑤ 여진과의 싸움에서 고려군이 패하였기 때문에

05 이 글의 내용과 일치하도록 다음 빈칸에 들어갈 알맞은 말을 쓰세요.

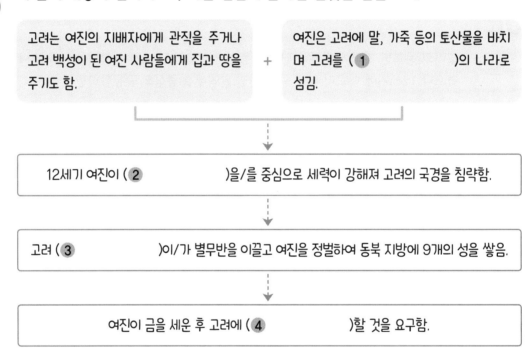

고려는 여진의 지배자에게 관직을 주거나 고려 백성이 된 여진 사람들에게 집과 땅을 주기도 함.

+

여진은 고려에 말, 가죽 등의 토산물을 바치며 고려를 (**1**)의 나라로 섬김.

12세기 여진이 (**2**)을/를 중심으로 세력이 강해져 고려의 국경을 침략함.

고려 (**3**)이/가 별무반을 이끌고 여진을 정벌하여 동북 지방에 9개의 성을 쌓음.

여진이 금을 세운 후 고려에 (**4**)할 것을 요구함.

06 다음 사건의 원인이 된 국제 관계의 변화로 알맞은 것은 무엇인가요? [✎]

금이 고려에 사대할 것을 요구하자 고려의 집권 세력이 금의 요구를 받아들였다.

① 송이 중국을 통일하였다.

② 거란이 발해를 멸망시켰다.

③ 고려가 거란의 침입을 물리쳤다.

④ 별무반이 여진을 몰아내고 동북 9성을 쌓았다.

⑤ 금의 세력이 강해져 거란을 멸망시키고 송을 몰아냈다.

어휘를 익혀요

01 다음 뜻을 나타내는 낱말을 쓰세요.

1 상대편의 공격을 막음 ☐☐

2 그 지방에서 특유하게 나는 물건 ☐☐☐

3 임금이 나라의 정치를 신하들과 의논하거나 집행하는 곳. 또는 그런 기구 ☐☐

02 다음 낱말의 뜻과 그 낱말이 들어갈 문장을 찾아 선으로 이으세요.

1 권세나 정권을 잡음. •

2 약자가 강자를 섬김. •

3 말을 타고 싸우는 병사 •

ㄱ 기병 •

ㄴ 사대 •

ㄷ 집권 •

ⓐ 새 대통령이 (   )하였다.

ⓑ 황제는 (   )의 예를 갖추라고 명하였다.

ⓒ 말 등에 올라탄 (   )들이 진격하였다.

03 다음 글의 밑줄 친 '회유'와 같은 뜻으로 사용된 문장은 무엇인가요? [✎   ]

고려는 여진의 지배자에게 관직을 주며 <u>회유</u>하였다.

① 그는 명승지를 찾아 전국을 <u>회유</u>하였다.

② 그물을 쳐서 <u>회유</u>하는 물고기를 잡았다.

③ 동해안의 대구는 봄철 북쪽 해역으로 <u>회유</u>하는 어종이다.

④ 노인은 경치 좋은 곳을 <u>회유</u>하며 시간을 보내리라 생각하였다.

⑤ 조정에서는 도적질을 일삼던 무리를 <u>회유</u>하여 백성을 괴롭히지 않도록 하였다.

고려와 주변 국가의 교류

글을 읽으면서 중요하다고 생각하는 낱말에 색칠해 보세요.

가 고려는 건국 초기부터 여러 국가들과 활발하게 교류하였어요. 고려는 송, 요, 금, 일본 등 주변 국가와 교류하였는데 그 가운데 ㉠ 송과 가장 적극적으로 교류하였답니다. 고려는 송에 사신, 학자, 승려 등을 보내 송의 ❶선진 문물을 받아들이고 여러 물품을 교역하여 경제적인 이익을 얻었어요. 송과 교류하면서 고려에서는 우리나라 최초의 대장경인 초조대장경이 제작되었어요. 또한 청자가 만들어지고, 음악 발달도 이루어졌어요. 한편, 송은 거란과 여진을 견제하기 위한 목적에서 고려와 교류하였어요. 송의 상인들은 비단, 서적, 약재 등 주로 왕실과 귀족에게 필요한 물품을 고려에 가져와 고려의 나전 칠기, ❷화문석, 종이, 인삼 등과 바꾸어 갔어요.

나 고려는 거란, 여진 등 북방 ❸유목 민족과도 교류하였어요. 거란의 침입을 물리친 이후에는 거란과 외교 관계를 맺고 거란에 정기적으로 사신을 파견하였어요. 거란도 고려 국왕이 즉위하거나 생일을 맞이하면 사신을 파견하였지요. 거란은 식량과 농기구가 부족하였기 때문에 고려에 은, ❹모피, 말 등을 가져와 농기구, 곡식 등을 받아 갔어요. 여진은 초기에는 고려에 말과 화살 등을 바치고 식량과 농기구 등 생활에 필요한 물품을 받아 갔어요.

다 일본과는 사신이 오가거나 상인들을 통한 교류가 활발하게 이루어졌어요. 일본 상인들은 고려에 수은, 황 등을 가지고 와서 인삼, 서적 등과 바꾸어 갔어요. 한편, 이 시기 예성강 입구의 벽란도는 국제 ❺무역항으로 번성해 각국 상인들로 북적거렸어요. 벽란도는 수도인 개경과 가깝고 수심이 깊어 국제항으로 성장할 수 있는 조건을 갖추고 있었어요. 아라비아 상인들 역시 벽란도를 통해 개경에 들어왔어요. 이들은 수은과 ❻향료, 산호 등을 가지고 와 금과 비단 등을 사 갔어요. 이때 아라비아 상인들이 고려를 '코리아'라고 부르면서 코리아라는 이름이 ❼서방 세계에 알려지게 되었답니다.

정답 101쪽

중심 낱말 찾기

01 각 문단의 중심 낱말을 찾아 쓰세요.

가 문단: 고려와 [　] 의 교류

나 문단: 고려와 북방 [　][　] 민족의 교류

다 문단: 고려와 일본, [　][　][　][　] 상인들의 교류

내용 이해

02 고려가 ㉠과 같이 교류한 목적을 바르게 말한 어린이를 모두 쓰세요.

라온	주변 민족을 견제하려 하였어.
민희	경제적인 이익을 얻으려 하였어.
수찬	송의 선진 문물을 받아들이려 하였어.
영훈	해적을 소탕하고 해상 무역권을 장악하려 하였어.

내용 이해

03 이 글의 내용과 일치하지 <u>않는</u> 것은 무엇인가요? [　　]

① 고려는 일본과는 교류하지 않았다.

② 아라비아 상인들이 고려를 방문하였다.

③ 여진은 고려로부터 식량과 농기구 등을 받아 갔다.

④ 거란에서는 고려 국왕이 즉위하면 사신을 파견하였다.

⑤ 고려는 송에 사신, 학자, 승려를 보내 선진 문물을 받아들였다.

---

❶ **선진**: 문물의 발전 단계나 진보의 정도가 다른 것에 비해 앞섬.

❷ **화문석**: 꽃의 모양을 놓아 짠 돗자리

❸ **유목**: 일정한 거처 없이 풀밭을 찾아 옮겨 다니면서 목축을 하여 삶.

❹ **모피**: 털이 그대로 붙어 있는 짐승의 가죽

❺ **무역항**: 다른 나라의 배가 드나들면서 무역할 수 있도록 허가를 받은 항구

❻ **향료**: 향을 내는 데 쓰는 물질

❼ **서방**: 서쪽 지방

04 고려가 주변 국가와 교류하면서 들여온 물품으로 알맞은 것을 골라 기호를 쓰세요.

ㄱ	ㄴ	ㄷ
• 송: 비단, 서적, 약재 등 왕실과 귀족에게 필요한 물품 • 거란: 은, 모피, 말 • 일본: 수은, 황	• 송: 은, 모피, 말 • 거란: 비단, 서적, 약재 등 왕실과 귀족에게 필요한 물품 • 일본: 수은, 황	• 송: 수은, 황 • 거란: 은, 모피, 말 • 일본: 비단, 서적, 약재 등 왕실과 귀족에게 필요한 물품

05 다음에서 설명하는 곳은 어디인지 이 글에서 찾아 쓰세요.

고려 시대의 대표적인 국제 무역항이다. 예성강 입구에 위치하였는데, 수도인 개경과 연결되어 있었고 물이 깊어 큰 배도 쉽게 드나들 수 있었다. 당시 송과 일본 상인들은 물론 아라비아 상인들이 이곳을 통해 개경에 들어왔다.

06 다음 대화에서 어린이가 한 질문에 대한 답으로 알맞은 내용을 쓰세요.

내가 책을 봤는데 고려 정종 때 아라비아 상인 보나합이 왕에게 수은, 향신료 등의 물건을 바쳤대. 고려에 아라비아 상인들이 오다니 신기해.

고려는 서방 세계에 어떻게 알려지게 되었을까?

어휘를 익혀요

01 다음 뜻을 나타내는 낱말에 ◯표 하세요.

❶ 향을 내는 데 쓰는 물질 [원료 / 향료]

❷ 문물의 발전 단계나 진보 정도가 다른 것에 비해 앞섬. [선진 / 후진]

❸ 일정한 거처 없이 풀밭을 찾아 옮겨 다니면서 목축을 하여 삶. [유목 / 유랑]

02 다음 빈칸에 들어갈 낱말을 찾아 선으로 이으세요.

❶ 서방 •

❷ 약재 •

❸ 무역항 •

❹ 화문석 •

• ㉠ 왕골로 짠 (   )은/는 강화도의 대표적인 특산품이다.

• ㉡ 몽골 제국의 칭기즈 칸은 세력을 점차 (   )(으)로 넓혀 나갔다

• ㉢ 그는 병든 어머니를 위해 몸에 좋다는 (   )을/를 모두 구해 왔다.

• ㉣ 중국의 상하이는 큰 배들이 자유롭게 드나드는 세계적인 (   )이다.

03 다음 글에서 밑줄 친 낱말과 바꾸어 쓸 수 있는 낱말은 무엇인가요? [✎   ]

연평균 기온이 낮고 눈이 많이 내리는 고장에 사는 사람들은 짐승의 <u>털가죽</u>으로 만든 외투를 입는다. 두꺼운 외투를 입음으로써 추위로부터 몸을 보호하고 체온을 유지할 수 있었다.

① 모근 　　② 모피 　　③ 상피 　　④ 허울 　　⑤ 꼬투리

07 고려 문벌의 성립과 이자겸의 난

글을 읽으면서 중요하다고 생각하는 낱말에 색칠해 보세요.

가 고려를 건국할 당시 지방 호족과 신라의 6두품 세력이 중심적인 역할을 담당하였어요. 이들은 점차 중앙 정치에 나아가 새로운 지배층을 이루었어요. 이들 가운데 대대로 고위 관료를 [1]배출한 가문이 문벌을 형성하였답니다. 대표적인 문벌 가문으로 경원 이씨, 해주 최씨, 경주 김씨, 파평 윤씨 등이 있었어요. 문벌은 왕실이나 비슷한 가문끼리 [2]폐쇄적인 혼인 관계를 맺어 권력을 이어 나갔어요. 또 [3]세습이 가능한 토지인 공음전을 받고, [4]고리대를 이용하여 백성의 땅을 불법적으로 빼앗아 재산을 늘리기도 하였어요. 문벌들은 이렇게 얻은 재산을 자손에게 물려주면서 대대로 부유한 삶을 살았어요. 한편, 고려 시대에는 국가에 공을 세운 사람의 후손이나 고위 관료의 자제를 시험 없이 관리로 뽑는 음서라는 제도가 있었어요. 문벌은 과거뿐만 아니라 음서를 통해서도 관리가 될 수 있었고 관리가 된 후에는 주요 관직을 독차지하였어요.

나 문벌은 오랜 기간 정치적, 경제적으로 [5]특권을 누리면서 점차 [6]보수화하였어요. 이들은 주요 관직을 차지하여 정치권력을 장악하였으며, 넓은 토지를 가지고 막대한 부를 누렸어요.

다 문벌 가운데 경원 이씨 가문은 왕실과 거듭된 혼인 관계를 맺으며 성장하였어요. 그중 대표적인 인물로 이자겸이 있었어요. 이자겸은 자신의 딸들을 예종, 인종과 혼인시켜 인종의 외할아버지이자 장인이 되었어요. 인종이 왕으로 즉위하자 이자겸은 왕보다도 더 큰 권력을 행사하였지요. 이에 위협을 느낀 인종이 이자겸을 없애려 하였으나 이자겸 세력이 [7]반격하면서 실패하였어요. 이 사건을 이자겸의 난이라고 하는데 난이 일어나는 과정에서 고려 궁궐이 불에 타기도 하였답니다. 인종은 이자겸과 그 부하인 척준경의 사이가 멀어지자 척준경을 이용하여 이자겸을 몰아냈어요. 그 후 이자겸은 [8]귀양을 갔고 그곳에서 병으로 죽었어요.

글을 이해해요

정답 102쪽

중심 낱말 찾기

01 다음에서 설명하는 세력을 이 글에서 찾아 쓰세요.

고려 시대의 지배층으로 대대로 고위 관료를 배출하였고, 왕실이나 비슷한 가문과 혼인 관계를 맺었다. 공음전과 고리대 등으로 경제적 기반을 넓혔으며, 음서와 과거를 통해 주요 관직을 독차지하였다.

내용 이해

02 다음 중 문벌이 누린 특권과 관련이 있는 내용에 ○표 하세요.

| 기병 | 보병 | 음서 |
| 지방관 | 공음전 | 사심관 |

내용 이해

03 이자겸에 대한 검색 결과로 알맞지 <u>않은</u> 것은 무엇인가요?

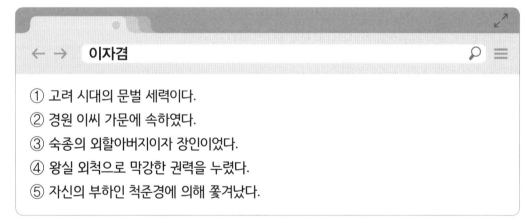

이자겸

① 고려 시대의 문벌 세력이다.
② 경원 이씨 가문에 속하였다.
③ 숙종의 외할아버지이자 장인이었다.
④ 왕실 외척으로 막강한 권력을 누렸다.
⑤ 자신의 부하인 척준경에 의해 쫓겨났다.

❶ 배출: 인재가 계속하여 나옴.
❷ 폐쇄적: 외부와 통하거나 교류하지 않는 것
❸ 세습: 한집안의 재산이나 신분, 직업 등을 대대로 물려주고 물려받음.
❹ 고리대: 높은 이자를 받고 돈을 빌려줌.

❺ 특권: 특별한 권리
❻ 보수화: 새로운 것이나 변화를 반대하고 전통적인 것을 유지하려는 성질을 띠게 됨.
❼ 반격: 되받아 공격함.
❽ 귀양: 죄인을 먼 시골이나 섬으로 보내는 형벌

04 다음 사건이 일어난 순서에 맞게 번호를 쓰세요.

 인종이 이자겸을 제거하려고 하였다.

 이자겸이 딸들을 예종, 인종과 혼인시켰다.

 이자겸 세력이 반란을 일으키면서 궁궐이 불탔다.

 인종이 척준경을 이용하여 이자겸을 몰아냈다.

05 다음 퀴즈 내용이 맞으면 ◯, 틀리면 ✕에 표시하세요.

		◯	✕
Quiz 1	공음전은 세습이 가능하다?		
Quiz 2	문벌은 음서로 관리가 될 수 있었다?		
Quiz 3	문벌은 폐쇄적인 혼인 관계를 맺었다?		
Quiz 4	이자겸은 반란을 일으켜 왕이 되었다?		

06 다음 빈칸에 들어갈 알맞은 대답을 쓰세요.

여진	고려에서는 인종이 왕이 된 후 이자겸이 큰 권력을 행사하였어.
장호	이자겸이 왕을 위협할 정도로 큰 권력을 행사할 수 있었던 배경은 무엇일까?
효선	

어휘를 익혀요

01 다음 낱말의 뜻을 찾아 선으로 이으세요.

1 고리대 •

2 보수화 •

3 폐쇄적 •

• ㄱ 높은 이자를 받고 돈을 빌려줌.

• ㄴ 외부와 통하거나 교류하지 않는 것

• ㄷ 새로운 것이나 변화를 반대하고 전통적인 것을 유지하려는 성질을 띠게 됨.

02 다음 빈칸에 들어갈 낱말을 오른쪽 상자에서 찾아 쓰세요.

1 적을 ☐☐★ 할 때는 철저하게 준비해야 승리할 수 있다. ★되받아 공격함.

2 조선 시대의 지배층인 양반은 ☐☐★ 을 누리는 계층이었다. ★특별한 권리

3 우리 학교의 목표는 훌륭한 예술가를 많이 ☐☐★ 하는 것이다. ★인재가 계속하여 나옴.

십	시	일	반
배	출	조	격
조	사	특	편
운	동	권	기
풍	력	이	념

03 다음 글에서 밑줄 친 낱말과 바꾸어 쓸 수 있는 낱말은 무엇인가요? [✎   ]

> 고구려, 백제, 신라에서는 왕을 중심으로 나라를 다스리는 중앙 집권 체제가 정비되었다. 삼국이 중앙 집권 국가로 발전하는 과정에서 왕이 자손에게 왕위를 <u>대물림</u>하는 제도가 성립되었다.

① 단절   ② 선출   ③ 세습   ④ 수취   ⑤ 회수

묘청의 서경 천도 운동

글을 읽으면서 중요하다고 생각하는 낱말에 색칠해 보세요.

가 고려에서는 이자겸의 난을 겪으며 왕실의 ^①권위가 떨어지고 사회가 무척 혼란하였어요. 이러한 상황에서 인종은 왕권을 회복하기 위해 윤언이, 정지상 등 개혁 세력을 등용하였어요. 이들은 그동안 권력을 쥐고 있던 문벌에 ^②대항하는 ^③신진 세력이었어요.

나 인종은 이자겸이 몰락한 이후 금을 배격하자는 의견이 강해지자 서경 출신의 승려인 묘청을 내세워 개혁을 추진하였어요. 묘청과 정지상 등 개혁 세력은 황제를 칭하고 스스로 연호를 만들어 사용할 것을 주장하였어요. 또한 고려가 금과 사대 관계를 맺은 사실을 비판하며 금을 정벌할 것을 주장하였어요. 이들은 당시 널리 퍼져 있던 풍수지리설을 근거로 하여 개경은 땅의 기운이 다했으니 수도를 서경으로 옮기자고 하였어요. 서경 ^④천도를 주장하였기 때문에 이들을 서경 세력이라고 부른답니다. 서경 세력은 서경을 새로운 수도로 삼으면 천하를 ^⑤병합할 수 있고 금이 스스로 고려에 항복할 것이라고 주장하였어요. 인종도 서경에 대화궁이라는 궁궐을 짓고 천도하려는 뜻을 내비쳤지요. 그러나 김부식을 중심으로 한 개경 세력은 서경 천도와 금 정벌에 반대하였어요. 개경을 중심으로 ^⑥권세를 누리던 문벌들은 수도를 옮기면 자신들의 힘이 약해질 것이라 생각하였던 것이지요.

다 서경 세력과 개경 세력의 대립은 점차 심해졌어요. 결국 인종이 서경으로 천도하려는 계획을 포기하면서 수도를 옮기는 일은 좌절되었어요. 그러자 1135년 묘청 등은 나라 이름을 대위, 연호를 천개라고 하면서 서경에서 반란을 일으켰어요. 이 소식을 들은 인종은 김부식에게 군사를 이끌고 반란을 ^⑦진압할 것을 명하였어요. 묘청이 같이 반란을 일으킨 부하에게 죽임을 당한 뒤에도 반란군의 저항은 계속되었어요. 그러나 결국 서경성이 무너지면서 반란은 1년여 만에 김부식이 이끄는 관군에게 진압되었어요.

중심 낱말 찾기

01 각 문단의 중심 낱말에 ○표 하세요.

가 문단: 이자겸의 난 이후 [숙종 / 인종]은 왕권을 회복하기 위해 개혁 세력을 등용하였다.

나 문단: 서경 세력은 [유교 / 풍수지리설]을/를 근거로 서경 천도를 주장하였다.

다 문단: 묘청은 나라 이름을 대위라고 하면서 [개경 / 서경]에서 반란을 일으켰다.

내용 이해

02 다음 주장을 한 세력에 ○표 하세요.

주장	개경 세력	서경 세력
❶ 금을 정벌하는 것은 안 된다.	☐	☐
❷ 개경은 땅의 기운이 다하였다.	☐	☐
❸ 서경으로 천도하는 것에 반대한다.	☐	☐
❹ 황제를 칭하고 연호를 사용해야 한다.	☐	☐

내용 이해

03 이글의 내용과 일치하지 <u>않는</u> 것은 무엇인가요?　　[✎　　]

① 인종은 윤언이, 정지상을 등용하였다.

② 개경의 문벌들은 서경 천도에 적극 찬성하였다.

③ 이자겸의 난으로 고려 왕실의 권위가 떨어졌다.

④ 묘청은 금과 사대 관계를 맺은 것을 비판하였다.

⑤ 김부식이 이끈 관군이 묘청이 일으킨 반란을 진압하였다.

❶ 권위: 남을 지휘하거나 통솔하여 따르게 하는 힘

❷ 대항: 굽히거나 지지 않으려고 맞서서 버티거나 반항함.

❸ 신진: 어떤 사회나 분야에서 새로 나서거나 또는 그런 사람

❹ 천도: 한 나라의 수도를 옮김.

❺ 병합: 둘 이상의 기구나 단체, 나라 등이 하나로 합쳐짐.

❻ 권세: 권력과 세력을 아울러 이르는 말

❼ 진압: 강압적인 힘으로 억눌러 진정시킴.

04 (가)에 들어갈 내용으로 알맞은 것은 무엇인가요? [✎   ]

```
  묘청의
  서경 천도  ▶   묘청의 서경 천도 주장     인종의 대화궁 건설 명령
  운동
                          (가)

      묘청 세력의 반란

                              김부식의 관군이 반란 진압
```

① 황산벌 전투   ② 이자겸의 난   ③ 장보고의 난
④ 서경 천도 중단   ⑤ 연개소문의 정변

05 다음과 같은 주장의 근거가 된 사상을 이 글에서 찾아 쓰세요.

> 개경은 땅의 기운이 다하였습니다. 명당의 기운을 가진 서경을 새로운 수도로 삼는다면
> 천하를 병합할 수 있고 금도 스스로 고려에 항복할 것입니다.

✎ _____

06 묘청의 서경 천도 운동이 일어날 무렵의 상황을 추론한 내용으로 알맞지 <u>않은</u> 것은 무엇인가요? [✎   ]

① 풍수지리설이 유행하였다.
② 지방에서 호족들이 성장하였다.
③ 고려가 금의 요구에 따라 금에 사대하였다.
④ 문벌들이 권력을 독점하며 권세를 누리고 있었다.
⑤ 이자겸의 난을 겪으며 고려 왕실의 권위가 떨어졌다.

어휘를 익혀요

01 다음 뜻을 나타내는 낱말에 〇표 하세요.

1 권력과 세력을 아울러 이르는 말 [권세 / 허세]

2 강압적인 힘으로 억눌러 진정시킴. [방지 / 진압]

3 굽히거나 지지 않으려고 맞서서 버티거나 반항함. [대항 / 순응]

02 다음 문장의 빈칸에 들어갈 낱말을 **보기**에서 찾아 쓰세요.

> **보기**
>
> 권위   병합   천도   회복

1 고구려의 장수왕은 국내성에서 평양으로 (   )하였다.

2 그 교수는 로봇 공학 분야에서 (   )이/가 있는 학자이다.

3 두 기업이 (   )하면서 회사의 규모가 커지고 직원 수도 많아졌다.

4 딸은 부모님의 정성스러운 간호로 병에서 (   )하여 건강을 되찾을 수 있었다.

03 다음 대화의 빈칸에 들어갈 낱말로 알맞은 것은 무엇인가요? [✎   ]

이번 대회에서는 기존 선수들의 활약이 돋보인 것 같아.

아무래도 기존 선수들에 비해 (   ) 선수들은 경험이 부족하겠지.

① 구식   ② 기성   ③ 미완   ④ 성인   ⑤ 신진

9 무신 정변과 무신 정권의 성립

글을 읽으면서 중요하다고 생각하는 낱말에 색칠해 보세요.

가 고려에서는 같은 관리였지만 문신에 비해 무신의 ➊지위가 상대적으로 낮았어요. 높은 관직은 문신이 독차지하였고, 군대의 최고 지휘관도 무신이 아닌 문신이 맡았지요. 하급 군인은 일한 대가로 주는 토지를 제대로 받지 못한 채 각종 공사에 동원되었어요. 무신에 대한 차별이 계속되자 무신들의 불만이 쌓여 갔지요. 한편, 인종의 뒤를 이은 의종은 초반에는 문무 간 균형을 꾀하며 왕권을 강화하려 하였어요. 그러나 문벌의 반대에 부딪히자 점차 정치를 멀리하고 ➋연회와 놀이에 빠졌어요.

나 왕권이 약해지자 무신에 대한 차별은 더욱 심해졌어요. 심지어 한 문신이 무신 중 높은 관직에 해당하는 대장군의 뺨을 때리는 일이 벌어지기도 하였어요. 이러한 상황에서 기회를 엿보고 있던 정중부, 이의방 등의 무신들은 의종이 보현원에 ➌행차하자 정변을 일으켰어요(1170년). 무신들은 문신들을 제거한 뒤 의종을 왕에서 몰아내고 명종을 새 국왕으로 세웠어요. 무신 정변으로 무신들이 정권을 잡는 시대가 열리게 되었어요.

다 무신들은 최고 회의 기구인 중방을 통해 국가의 중요한 정책을 결정하였어요. 무신들은 정치보다는 자신의 세력을 키우고 재산을 늘리는 데 관심을 가졌어요. 무신 정권 초기에는 무신 간 권력을 차지하기 위한 다툼이 계속되면서 집권자가 자주 바뀌었어요. 이러한 혼란은 최충헌이 권력을 잡으면서 ➍수습되었어요.

라 최충헌은 교정도감을 설치하여 국가의 중요한 정책을 결정하고 집행하였으며, ➎사병 집단인 도방을 확대하여 자기 가문에 대한 경호를 강화하였어요. 그의 아들인 최우는 자신의 집에 정방을 설치하여 ➏인사 행정을 담당하게 하였고, 서방을 두어 실력 있는 문인에게 정책을 ➐자문하였어요. 또한 기존 부대와는 별도로 삼별초를 조직하여 군사적 기반으로 삼았어요. 최씨 정권은 4대 60여 년간 비교적 안정적으로 정권을 이어 갔어요

중심 낱말 찾기

01 다음에서 설명하는 사건을 이 글에서 찾아 쓰세요.

고려 의종 때인 1170년 정중부, 이의방 등은 왕이 보현원에 행차했을 때를 이용하여 문신들을 제거하고 의종을 폐위하였다. 이 사건으로 무신 정권이 성립되었다.

내용 이해

02 각 문단의 중심 내용을 찾아 선으로 이으세요.

1 가 문단 •　　　• ㄱ 무신 정변의 발생

2 나 문단 •　　　• ㄴ 최씨 정권의 성립

3 다 문단 •　　　• ㄷ 무신 정권 초기의 상황

4 라 문단 •　　　• ㄹ 무신에 대한 차별과 의종 대의 정치

내용 이해

03 고려 시대의 무신들이 받은 차별에 대해 <u>잘못</u> 말한 어린이는 누구인지 쓰세요.

가은	높은 관직은 대부분 문신이 독차지하였어요.
재호	무신이 아닌 문신이 군대의 최고 지휘관이 되었어요.
해성	각종 공사에 무신은 제외되고 문신들만 동원되었어요.

❶ **지위**: 개인의 사회적 신분에 따르는 위치나 자리

❷ **연회**: 여러 사람이 모여 베푸는 잔치

❸ **행차**: 웃어른이 차리고 나서서 길을 감. 또는 그때 이루는 대열

❹ **수습**: 어수선한 사태를 거두어 바로잡음.

❺ **사병**: 권세를 가진 개인이 사사로이 길러서 부리는 병사

❻ **인사**: 관리나 직원의 임용, 해임, 평가와 관계되는 행정적인 일

❼ **자문**: 일을 좀 더 효율적이고 바르게 처리하려고 전문가나 전문가로 이루어진 기구에 의견을 물음.

04 다음 내용이 맞으면 ○, 틀리면 ✕에 표시하세요.

1 무신 정변으로 무신 정권이 성립되었다. [○ / ✕]

2 최씨 정권은 4대 60여 년간 정권을 유지하였다. [○ / ✕]

3 고려 시대에는 문신에 비해 무신의 지위가 높았다. [○ / ✕]

4 의종은 왕권을 강화하려는 노력이 실패하자 점차 정치를 멀리하고 연회와 놀이에 빠졌다.
[○ / ✕]

05 다음 표는 최씨 정권의 권력 기반을 정리한 것이에요. ㄱ~ㄷ에 들어갈 말을 이 글에서 찾아 쓰세요.

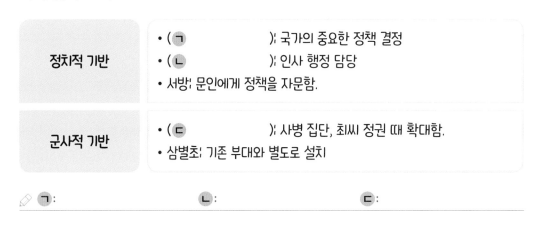

정치적 기반	• (ㄱ): 국가의 중요한 정책 결정 • (ㄴ): 인사 행정 담당 • 서방: 문인에게 정책을 자문함.
군사적 기반	• (ㄷ): 사병 집단, 최씨 정권 때 확대함. • 삼별초: 기존 부대와 별도로 설치

✎ ㄱ: ㄴ: ㄷ:

06 다음 ㄱ~ㄹ 중 무신 정변이 일어난 무렵의 기록으로 알맞은 것을 모두 골라 기호를 쓰세요.

ㄱ 보현원에서 분노한 정중부, 이의방 등의 무신들이 수많은 문신을 없앴다. 이후 ㄴ 무신들은 인종을 쫓아내고 의종을 왕위에 올렸다. 왕은 허수아비에 지나지 않았고 정치를 이끈 것은 무신들이었다. ㄷ 정변 직후 무신들은 도방에 모여 나라의 중요한 일을 결정하기 위한 회의를 열었다. ㄹ 권력을 차지하기 위해 무신들이 서로 다투면서 집권자가 여러 차례 바뀌었다.

✎

어휘를 익혀요

01 다음 뜻을 나타내는 낱말을 쓰세요.

1 개인의 사회적 신분에 따르는 위치나 자리 ☐☐

2 권세를 가진 개인이 사사로이 길러서 부리는 병사 ☐☐

3 웃어른이 차리고 나서서 길을 감. 또는 그때 이루는 대열 ☐☐

02 다음 밑줄 친 낱말과 바꾸어 쓸 수 있는 낱말을 찾아 선으로 이으세요.

1 귀족들이 성대한 <u>잔치</u>를 열었다. •

2 지금은 서로 싸우기보다 사건을 <u>수습</u>하는 일이 먼저이다. •

3 경제 개혁에 관한 보고서를 작성하기 위해 전문가에게 <u>자문</u>하였다. •

• **ㄱ** 문의

• **ㄴ** 연회

• **ㄷ** 해결

03 '인사'가 다음과 같은 뜻으로 쓰인 문장으로 알맞은 것은 무엇인가요? [✎   ]

> 관리나 직원의 임용, 해임, 평가와 관계되는 행정적인 일

① 그 강연에는 유명 <u>인사</u>가 많이 참석하였다.

② 고향에 내려가 동네 어른들께 <u>인사</u>를 드렸다.

③ 이승만 대통령이 연단에 올라 기념식 <u>인사</u>를 하였다.

④ 각계각층의 <u>인사</u>가 한 자리에 모여 정책을 논의하였다.

⑤ 회사의 <u>인사</u> 발령으로 그는 총무과로 부서를 옮기게 되었다.

무신 정권기 백성의 삶

글을 읽으면서 중요하다고 생각하는 낱말에 색칠해 보세요.

가 고려 무신 정권기에는 왕은 있었지만 힘이 없었고 무신들 간의 권력 다툼이 계속되면서 정치가 무척 혼란하였어요. 지방에 대한 정부의 ^❶통제도 제대로 이루어지지 못하였지요. 무신들은 백성의 생활을 보살피기보다는 백성의 토지를 강제로 **빼앗고** 세금을 ^❷과도하게 거두는 데 급급하였고 이로 인해 백성의 생활은 더욱 어려워졌어요. 한편, ㉠ 고려 시대에는 향·부곡·소와 같은 특수 행정 구역이 있었는데 이곳에 사는 주민은 일반 백성에 비해 나라에 더 많은 세금을 냈어요. 이와 같은 차별로 특수 행정 구역의 주민은 큰 고통을 받았어요. 무신 정권기에는 천민 출신인 이의민이 집권자가 되면서 신분 상승에 대한 백성의 기대감이 높아지기도 하였답니다. 이러한 상황을 배경으로 각지에서 농민과 천민이 봉기하였어요.

나 생활이 어려워진 농민들은 떠돌이 생활을 하거나 도적이 되기도 하였어요. 특수 행정 구역이었던 공주 명학소의 망이·망소이 형제는 과도한 세금 ^❸부담을 견디지 못하고 봉기하였어요. 한때 이들이 충청도 일대를 차지할 정도로 세력이 커지자 정부는 명학소를 충순현으로 올려 주었으나, 이후 정부는 다시 관군을 보내 결국 봉기군의 저항을 진압하였어요. 경상도의 운문과 초전에서는 김사미와 효심이 농민을 이끌고 일어나 세력을 떨쳤어요. 이들은 경주 세력과 ^❹합세하여 중앙 정부에 저항하였어요.

다 이 시기 각지에서 천민들의 봉기도 이어졌어요. 전주에서는 관청에 소속되어 있던 관노비들이 지방관의 ^❺횡포에 불만을 품고 봉기하였어요. 개경에서는 노비 만적이 신분 해방을 목적으로 봉기를 계획하였어요. 그러나 한 노비가 주인에게 ^❻밀고하여 만적을 비롯한 수많은 노비가 죽임을 당하면서 봉기는 시도하지도 못한 채 실패로 끝났어요. 이들의 봉기는 모두 실패하였지만 하층민이 신분 해방을 목표로 차별에 ^❼항거하였다는 데 의의를 지닌답니다.

글을 이해해요

정답 105쪽

중심 낱말 찾기

01 각 문단의 중심 낱말을 찾아 쓰세요.

가 문단: 무신 정권기 농민·천민 ☐☐ 의 배경

나 문단: 무신 정권기 ☐☐ 의 봉기

다 문단: 무신 정권기 ☐☐ 의 봉기

내용 이해

02 이 글을 읽고 무신 정권기 농민과 천민의 봉기가 일어난 배경을 바르게 말한 어린 이를 모두 쓰세요.

> 귀족들의 왕위 다툼이 치열하였어.
>
> 도은

> 신분 상승에 대한 백성의 기대감이 높아졌어.
>
> 시호

> 무신들이 세금을 많이 거두면서 백성의 삶이 어려웠어.
>
> 아린

내용 이해

03 ㉠과 같은 차별에 저항하여 일어난 봉기는 무엇인가요? [✎]

① 만적의 난

② 이자겸의 난

③ 전주 관노비의 봉기

④ 김사미와 효심의 봉기

⑤ 망이·망소이 형제의 봉기

---

❶ **통제**: 권력으로 언론 활동, 경제 활동 등에 제한을 가하는 일

❷ **과도**: 정도에 지나침.

❸ **부담**: 어떠한 의무나 책임을 짐.

❹ **합세**: 흩어져 있는 세력을 한곳에 모음.

❺ **횡포**: 제멋대로 굴며 몹시 난폭함.

❻ **밀고**: 남몰래 넌지시 일러바침.

❼ **항거**: 순종하지 아니하고 맞서서 반항함.

04 다음 퀴즈 내용이 맞으면 ○, 틀리면 ✕에 표시하세요.

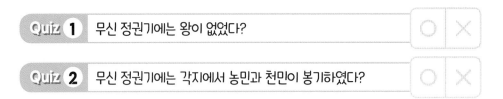

Quiz **1** 무신 정권기에는 왕이 없었다? ○ ✕

Quiz **2** 무신 정권기에는 각지에서 농민과 천민이 봉기하였다? ○ ✕

05 다음 지역에서 봉기를 시도한 인물과 봉기의 특징을 선으로 이으세요.

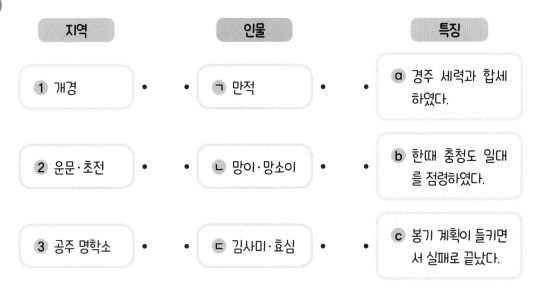

지역	인물	특징
1 개경	ㄱ 만적	a 경주 세력과 합세하였다.
2 운문·초전	ㄴ 망이·망소이	b 한때 충청도 일대를 점령하였다.
3 공주 명학소	ㄷ 김사미·효심	c 봉기 계획이 들키면서 실패로 끝났다.

06 이 글을 읽은 어린이가 다음 ㄱ~ㄹ에 대해 말한 내용으로 알맞지 <u>않은</u> 것은 무엇인가요? [✐   ]

> ㄱ 만적이 북산에서 나무를 하다가 주변의 노비들을 모아 다음과 같이 연설하였다. "무신 정변 이후로 ㄴ 고관들이 천민이나 노비 출신에서 많이 나왔다. 장군이나 정승에 어찌 처음부터 씨가 있겠는가? 때가 오면 ㄷ 누구나 될 수 있는 것이다. ㄹ 왜 우리만 매를 맞으며 힘들게 일해야 하는가?"

① ㄱ - 노비 출신으로 봉기를 계획하였어.

② ㄴ - 대표적인 인물로 이의민을 들 수 있어.

③ ㄴ - 무신 정권기 신분 상승에 대한 백성의 기대감이 높았어.

④ ㄷ - 만적의 봉기가 신분 해방을 목표로 하였음이 드러나 있어.

⑤ ㄹ - 특수 행정 구역인 소의 주민으로서 받는 차별에 불만을 품었음을 알 수 있어.

어휘를 익혀요

01 다음 낱말의 뜻이 맞으면 ◯, 틀리면 ✕에 표시하세요.

1 과도 – 정도에 지나침. [◯ / ✕]

2 봉기 – 남몰래 넌지시 일러바침. [◯ / ✕]

3 합세 – 흩어져 있는 세력을 한곳에 모음. [◯ / ✕]

02 다음 밑줄 친 낱말의 뜻을 **보기**에서 찾아 기호를 쓰세요.

> **보기**
> ㉠ 제멋대로 굴며 몹시 난폭함.
> ㉡ 순종하지 아니하고 맞서서 반항함.
> ㉢ 권력으로 언론 활동, 경제 활동 등에 제한을 가하는 일

1 민중들은 지배 계급에 <u>항거</u>하였다. (   )

2 유럽 국가들의 수출 <u>통제</u>가 약화되었다. (   )

3 『양반전』은 양반의 <u>횡포</u>를 비꼬는 작품이다. (   )

03 다음 뜻을 나타내는 낱말이 들어갈 문장으로 알맞지 <u>않은</u> 것은 무엇인가요? [   ]

> ☐ ☐ : 어떠한 의무나 책임을 짐.

① 모임에 드는 돈은 각자 ☐ ☐ 하기로 하였다.

② 외국인이 출입하는 것을 철저히 ☐ ☐ 하였다.

③ 세금을 ☐ ☐ 해야 할 농민의 수가 줄어들었다.

④ 조선 시대 서원은 국가의 각종 ☐ ☐ 에서 면제되었다.

⑤ 국민의 의무 교육 제도 실시에 따른 경비는 국가가 ☐ ☐ 한다.

몽골의 침략과 고려의 대응

글을 읽으면서 중요하다고 생각하는 낱말에 색칠해 보세요.

가 고려에서 최씨 정권이 이어지던 무렵, 몽골은 칭기즈 칸이 부족을 통일하면서 세력이 강해졌어요. 강성해진 몽골은 주변 나라들을 침략하였고 세력이 약해진 금을 공격하였어요. 당시 금의 지배를 받던 거란인이 몽골군에 쫓겨 고려의 국경선을 침범하자 몽골은 고려를 돕는다는 ❶명목으로 군대를 파견였어요. 고려군과 몽골군은 함께 거란인이 있던 강동성을 함락하였어요. 이를 계기로 고려는 몽골과 공식적인 외교 관계를 맺었어요.

나 그러나 몽골이 고려에 사신을 보내 물자를 많이 바치라고 ❷요구하면서 고려와 몽골 간의 갈등이 커졌어요. 그러던 중 고려에 온 몽골의 사신이 ❸귀국하는 길에 죽임을 당하는 사건이 일어났어요. 몽골은 이 일을 ❹구실로 1231년 국교를 끊고 고려에 침략해 왔어요. 몽골의 침략에 맞서 귀주성을 비롯한 북방의 여러 성에서는 고려의 군사와 백성이 힘껏 저항하여 성을 지켰어요. 그러나 많은 지역이 함락되고 고려군이 몽골군에 패배하자 최씨 정권은 서둘러 몽골과 ❺강화를 맺었어요.

다 1차 침략 이후 몽골이 무리한 요구를 계속해 오자 고려는 도읍을 개경에서 강화도로 옮겨 몽골에 맞서 싸우려고 하였어요. 강화도는 물살이 매우 빠르고 갯벌이 넓게 펼쳐져 있는 섬이라서 초원에서 살던 몽골군이 침략하기 어려운 지역이었어요. 또한 땅이 넓어서 많은 사람이 살 수 있었고 뱃길로 육지의 세금과 각종 물건을 옮겨 올 수 있었어요. 최씨 정권은 강화도로 수도를 옮기고 백성을 주로 ❻산성이나 섬으로 들어가게 하여 ❼항전을 준비하였어요. 몽골은 고려를 다시 침략해 왔고, 몽골의 침입에 맞서 사회적으로 차별받던 특수 행정 구역의 주민과 노비들이 크게 활약하였어요. 김윤후는 처인성에서 처인 부곡 백성과 함께 몽골군의 총사령관인 살리타를 죽이는 등 큰 승리를 거두었어요. 이후 김윤후는 충주성에서 노비 문서를 불태워 노비들의 사기를 높여 성을 지키고 몽골군을 물리쳤어요.

01 다음 빈칸에 공통으로 들어갈 낱말을 이 글에서 찾아 쓰세요.

☐☐ 의 무리한 물자 요구로 고려와 몽골 간의 갈등이 커졌다. 그러던 와중에

☐☐ 은 고려에서 돌아오던 자기 나라의 사신이 죽임을 당하는 일이 일어나자 이

를 구실로 고려에 침략하였다.

02 다음 내용이 맞으면 ◯, 틀리면 ✕에 표시하세요.

❶ 고려와 몽골군은 거란인이 있던 강동성을 함락하였다. [◯ / ✕]

❷ 고려는 몽골과 외교 관계를 맺은 이후 몽골에 많은 물자를 요구하였다. [◯ / ✕]

❸ 몽골의 고려 침략 당시 고려에서는 최씨 정권이 정권을 장악하고 있었다. [◯ / ✕]

03 몽골의 침략 과정에서 있었던 일을 순서에 맞게 번호를 쓰세요.

몽골이 국교를 끊고 고려에 침략하였다.

고려가 수도를 개경에서 강화도로 옮겼다.

귀주성에서 고려군이 몽골군에 저항하였다.

처인성에서 김윤후와 백성이 몽골군에 승리하였다.

❶ **명목**: 구실이나 이유

❷ **요구**: 받아야 할 것을 달라고 청함.

❸ **귀국**: 외국에 나가 있던 사람이 자기 나라로 돌아오거나 돌아감.

❹ **구실**: 핑계를 삼을 만한 재료

❺ **강화**: 싸우던 두 편이 싸움을 멈추고 평화로운 상태가 됨.

❻ **산성**: 산 위에 쌓은 성

❼ **항전**: 적에 대항하여 싸움.

04 다음 대화의 ㄱ, ㄴ에 들어갈 알맞은 말을 이 글에서 찾아 쓰세요.

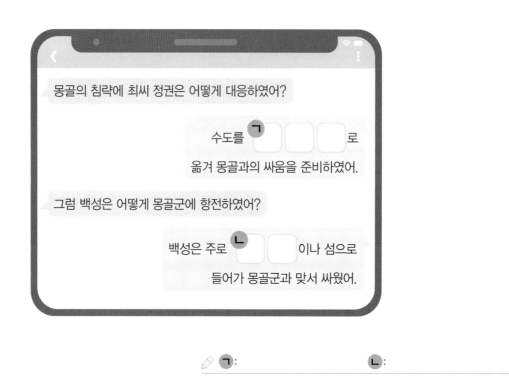

몽골의 침략에 최씨 정권은 어떻게 대응하였어?

수도를 ㄱ□□□로 옮겨 몽골과의 싸움을 준비하였어.

그럼 백성은 어떻게 몽골군에 항전하였어?

백성은 주로 ㄴ□□이나 섬으로 들어가 몽골군과 맞서 싸웠어.

✐ ㄱ: ㄴ:

05 다음에서 설명하는 인물을 이 글에서 찾아 쓰세요.

몽골이 재침략하자 처인성에서 백성을 이끌고 몽골군의 총사령관인 살리타를 사살하였다. 이어 충주성에서 노비 문서를 불태우며 노비들의 사기를 높여 성을 지켰다.

✐

06 다음 빈칸에 들어갈 알맞은 내용을 쓰세요.

몽골의 1차 침략 이후 최씨 정권은 강화도를 임시 수도로 삼고 몽골에 항전하였다. 강화도는 _____(이)라는 지형적인 특징이 있다. 그렇기 때문에 초원에서 살아서 바다에서 하는 전투에 약한 몽골군을 방어하기에 유리하였다.

✐

어휘를 익혀요

01 다음 낱말의 뜻을 찾아 선으로 이으세요.

1 구실 •

2 강화 •

3 항전 •

• ㄱ 적에 대항하여 싸움.

• ㄴ 핑계를 삼을 만한 재료

• ㄷ 싸우던 두 편이 싸움을 멈추고 평화로운 상태가 됨.

02 다음 빈칸에 들어갈 낱말을 오른쪽 상자에서 찾아 쓰세요.

1 옛 [ ][ ] 터에서 백제 시대의 문화재가 발견되었다. ★산 위에 쌓은 성

정 상 성 산

2 노동자들은 임금의 인상을 [ ][ ] 하며 단체 행동을 하였다. ★받아야 할 것을 달라고 청함.

파 요 업 구

3 관청에서는 갖가지 [ ][ ] 으로 농민에게 많은 세금을 징수하였다. ★구실이나 이유

명 예 초 목

03 다음 글에서 밑줄 친 낱말과 바꾸어 쓸 수 있는 낱말은 무엇인가요? [✎]

1945년 광복 소식이 전해지자 나라 밖에 머물고 있던 많은 동포들이 국내로 돌아왔다. 미국에서 독립운동을 펼친 이승만, 중국에서 대한민국 임시 정부를 이끈 김구 등 대한민국 임시 정부의 주요 인물들이 <u>환국</u>하였다.

① 귀양　　② 유배　　③ 유출　　④ 전이　　⑤ 귀국

12 몽골과의 전쟁으로 인한 피해와 강화

글을 읽으면서 중요하다고 생각하는 낱말에 색칠해 보세요.

가 몽골과의 오랜 전쟁으로 고려는 많은 피해를 입었어요. 수많은 백성이 죽거나 몽골에 포로로 끌려가고 국토가 ❶황폐해졌어요. 대구 부인사의 초조대장경과 경주의 황룡사 9층 목탑 등 많은 문화재가 불에 타는 피해를 입기도 하였지요. 강화도로 수도를 옮길 때 최씨 정권이 백성에 대한 ❷대책을 마련해 주지 않은 탓에 산성이나 섬으로 들어간 백성은 몹시 어렵게 생활하였어요. 반면, 최씨 정권은 강화도에서도 사치스러운 생활을 하였어요.

나 강화도가 몽골에 함락되지는 않았지만 ㉠육지에서 입은 막대한 피해로 고려는 더 이상 전쟁을 계속하기 어려웠어요. 이러한 상황에서 몽골이 강화를 ❸제안하자 고려 내에서는 몽골의 요구를 받아들이자는 의견이 강해졌어요. 최씨 정권은 몽골과의 싸움을 계속하려 하였지만 결국 무신들은 최씨 정권을 무너뜨리고 몽골과의 강화를 ❹추진하였어요.

다 당시 고려의 ❺태자였던 원종은 몽골의 쿠빌라이를 만나 고려의 독립과 풍속을 이어 나가는 조건으로 몽골과 강화를 맺었어요. 쿠빌라이는 고려의 수도를 다시 개경으로 옮기고, 일본 ❻원정에 필요한 인력과 물자를 바칠 것을 요구하였어요. 무신 정권은 몽골에 저항하려 하였으나 내부에서 다툼이 일어나면서 무너졌어요. 고려의 왕은 몽골로부터 전쟁을 멈추겠다는 약속을 받고 개경으로 ❼환도하였어요(1270년).

라 무신 정권을 군사적으로 뒷받침하였던 삼별초는 개경으로 돌아가는 데 반대하며 봉기하였어요. 이들은 근거지를 강화도에서 진도로 옮기고 남해안 일대를 장악하였어요. 그러나 고려와 몽골 연합군의 공격으로 진도가 함락되자 남은 세력이 제주도로 이동하였어요. 삼별초는 결국 진압되었고 이로써 몽골과의 40여 년에 걸친 전쟁이 끝나게 되었답니다. 이후 고려는 몽골의 간섭을 받기는 하였지만 독립국의 지위는 유지할 수 있었어요.

중심 낱말 찾기

01 다음에서 설명하는 군대를 이 글에서 찾아 쓰세요.

> • 고려 정부의 개경 환도에 반대하여 봉기하였다.
> • 강화도에서 진도, 제주도로 이동하며 항전하였으나 고려와 몽골 연합군에 진압되었다.

내용 이해

02 각 문단의 중심 내용을 찾아 선으로 이으세요.

1 **가** 문단 •　　　　　•ㄱ 삼별초의 항쟁

2 **나** 문단 •　　　　　•ㄴ 몽골의 강화 제안

3 **다** 문단 •　　　　　•ㄷ 몽골과의 강화와 개경 환도

4 **라** 문단 •　　　　　•ㄹ 몽골과의 전쟁으로 인한 피해

내용 이해

03 ㉠의 내용으로 알맞지 <u>않은</u> 것은 무엇인가요?

① 국토가 황폐해졌다.
② 동북 9성을 돌려주었다.
③ 수많은 백성이 목숨을 잃었다.
④ 몽골에 포로로 끌려간 사람이 많았다.
⑤ 초조대장경, 황룡사 9층 목탑이 불에 탔다.

❶ 황폐: 집, 토지, 삼림 따위가 거칠어져 못 쓰게 됨.
❷ 대책: 어떤 일에 대처할 계획이나 방법
❸ 제안: 안이나 의견으로 내놓음. 또는 그 안이나 의견
❹ 추진: 목표를 향하여 밀고 나아감.
❺ 태자: 임금의 자리를 이을 임금의 아들
❻ 원정: 먼 곳으로 싸우러 나감.
❼ 환도: 정부가 한때 수도를 버리고 다른 곳으로 옮겼다가 다시 옛 수도로 돌아옴.

04 다음 내용이 맞으면 ○, 틀리면 ✕에 표시하세요.

① 몽골이 고려를 침략하여 강화도를 함락하였다. [○ / ✕]

② 최씨 정권은 강화도 천도 후 사치스러운 생활을 하였다. [○ / ✕]

③ 몽골의 쿠빌라이는 고려에 몽골이 일본으로 원정하는 데 필요한 인력과 물자를 바칠 것을 요구하였다. [○ / ✕]

05 다음 ㄱ~ㄷ에 들어갈 알맞은 말을 이 글에서 찾아 쓰세요.

전쟁이 계속되자 몽골이 고려에 강화를 제안함. ＞ 무신들이 ㄱ 을/를 무너뜨리고 몽골과의 강화를 추진함. ＞ 고려의 태자였던 원종이 몽골의 ㄴ 와/과 강화를 맺음.

＞ 무신 정권이 내부의 다툼으로 무너짐. ＞ 고려 정부가 ㄷ 으로 환도함. ＞ 삼별초가 개경 환도에 반대하며 몽골에 항전함.

✎ ㄱ: ㄴ: ㄷ:

06 이 글을 읽은 어린이가 다음 자료를 해석한 내용으로 알맞은 것을 보기에서 모두 골라 기호를 쓰세요.

쿠빌라이와 고려 태자의 강화 내용
- 복식은 고려의 풍속에 따라 모두 고치지 않는다.
- 강화도에서 개경으로 수도를 옮기는 것은 힘이 되는 대로 시행한다.
- 주둔하는 몽골 군대는 가을을 기한으로 철수한다.

보기
ㄱ 고려의 독립을 유지한다는 내용이 담겨 있네.
ㄴ 개경으로 환도하는 것을 조건으로 하고 있어.
ㄷ 몽골의 풍습을 전부 받아들일 것을 약속하고 있어.

✎

어휘를 익혀요

01 다음 뜻을 나타내는 낱말을 쓰세요.

1 목표를 향하여 밀고 나아감. ☐☐

2 임금의 자리를 이을 임금의 아들 ☐☐

3 안이나 의견으로 내놓음. 또는 그 안이나 의견 ☐☐

02 다음 빈칸에 들어갈 낱말을 찾아 선으로 이으세요.

1 대책 •

2 원정 •

3 환도 •

• ㄱ 휴전이 성립된 후 정부는 임시 수도 부산에서 서울로 (   )하였다.

• ㄴ 국민들은 정부에 환경 문제에 대한 (   )을/를 세울 것을 요구하였다.

• ㄷ 그들은 적국을 치기 위해 (   )에 나섰다가 태풍을 만나 되돌아왔다.

03 다음 대화의 빈칸에 공통으로 들어갈 낱말로 알맞은 것은 무엇인가요? [✐   ]

자연재해로 마을 전체가 (   )해졌어.

생활이 어려워진 것도 문제지만 마을 사람들의 마음도 (   )해졌다는게 큰일이야.

① 부패   ② 쇠망   ③ 전락   ④ 침몰   ⑤ 황폐

55

13 원의 간섭과 권문세족의 성장

글을 읽으면서 중요하다고 생각하는 낱말에 색칠해 보세요.

가 몽골과의 전쟁이 끝난 뒤 고려는 독립과 풍습은 유지할 수 있었지만 몽골(원)의 간섭을 받았어요. 원은 일본 원정을 목적으로 고려에 설치한 정동행성을 원정 실패 후에도 계속 두고 이 기구를 통해 고려의 ^❶내정에 간섭하였어요. 고려가 원의 간섭을 받던 이 시기를 원 간섭기라고 해요. 이 시기 원은 서경에 동녕부, 철령 이북에 쌍성총관부, 제주에 탐라총관부를 설치해 고려의 영토 일부를 직접 다스리기도 하였지요. 고려의 국왕은 원의 공주와 혼인하였고, 왕자들은 어린 시절을 원에서 지내며 교육을 받았어요. 고려 왕실의 호칭과 관직 이름도 원에 비해 ^❷격하되어 폐하를 전하로, 태자를 세자로 불렀어요. 국왕은 원에 충성하라는 뜻에서 원 황제로부터 '충(忠)'자가 붙은 ^❸시호를 받았어요. 원은 ^❹조공이라는 이름으로 고려에서 금, 인삼, 사냥용 매 등 많은 특산물을 가져갔고, ^❺공녀와 환관을 뽑아 갔어요. 고려 백성들은 조공을 마련하느라 큰 고통을 겪었답니다.

나 한편, 이 시기 고려와 원의 문화 교류가 활발해지면서 고려에서는 여자들이 쓰는 족두리, 신부 뺨에 찍는 연지, 만두, 소주 등 몽골의 풍습이 유행하였어요. 반면, 몽골에는 고려 의복과 음식 등 고려의 풍습이 전해졌어요.

다 원 간섭기에 원이 고려에 영향력을 행사하면서 국왕이 자주 교체되어 왕권이 약화되었어요. 고려에서는 원과 친한 성향을 가진 이들이 새로운 지배 세력인 권문세족을 형성하여 정치를 주도하였어요. 권문세족 중에는 전부터 세력을 이어 온 가문도 있었지만, 몽골어를 잘해 높은 관직에 오르거나 국왕과 함께 원에서 생활하며 성장한 ^❻측근 세력도 있었어요. 권문세족은 주요 관직을 차지하고, 음서 등의 방법을 이용하여 자손에게 권력을 물려주었어요. 또한 힘으로 남의 땅을 빼앗아 대규모 ^❼농장을 설치하고 남의 노비를 빼앗거나 가난한 백성을 데려다가 땅을 일구게 하였어요. 백성이 노비가 되면서 세금을 낼 사람의 수가 줄자 국가 재정은 어려워졌어요.

정답 108쪽

중심 낱말 찾기

01 각 문단의 중심 낱말에 ○표 하세요.

가 문단: 원은 [교정도감 / 정동행성]을 통해 고려의 내정에 간섭하였다.

나 문단: 고려와 [원 / 거란]의 문화 교류가 활발하였다.

다 문단: 원 간섭기에 [문벌 / 권문세족]이 성장하였다.

내용 이해

02 다음 지역에 원이 설치한 기구를 선으로 이으세요.

지역	설치 기구
❶ 서경	ㄱ 동녕부
❷ 제주	ㄴ 쌍성총관부
❸ 철령 이북	ㄷ 탐라총관부

내용 이해

03 원이 고려에 한 내정 간섭에 대해 바르게 말한 어린이는 누구인지 쓰세요.

경현 원의 황제가 고려 전체를 직접 지배하였어.

수진 고려 왕실의 호칭과 관직 이름을 낮추도록 하였어.

현우 몽골어만 사용하고 몽골식 복장만 입을 수 있게 하였어.

---

❶ **내정**: 국내의 정치
❷ **격하**: 격이나 등급, 지위 따위의 격이 낮아짐.
❸ **시호**: 왕이나 재상들이 죽은 뒤에 그들의 공덕을 칭송하여 붙인 이름
❹ **조공**: 작은 나라가 큰 나라에 예물을 바치던 일

❺ **공녀**: 고려·조선 시대에 중국의 요구에 따라 중국에 보내던 여성들
❻ **측근**: 곁에서 가까이 모시는 사람
❼ **농장**: 세력가들이 사사로이 차지하고 있던 대토지 소유 형태의 땅

04 원 간섭기의 고려에서 볼 수 있었던 모습으로 알맞지 <u>않은</u> 것은 무엇인가요?

① 뺨에 연지를 찍은 여성

② 만두를 먹고 있는 가족

③ 원에 보낼 사냥용 매를 기르는 남성

④ 귀주에서 거란군에 맞서 싸우는 병사

⑤ 몽골어를 잘해 높은 관직에 오른 관리

05 권문세족의 특징으로 알맞은 것에 ○표 하세요.

| 원에 적대적이었다. | | 서경 천도를 주장하였다. | |

대규모 농장을 소유하였다.

| 음서로 세력을 확대하였다. | | 새롭게 등장한 무인 세력이었다. | |

06 이 글을 읽은 어린이가 다음 ㄱ~ㄷ과 관련해 추론한 내용으로 알맞지 <u>않은</u> 것은 무엇인가요?

> ㄱ 충렬왕이 몽골에 있을 때 ㄴ 윤수가 ㄷ 매와 사냥개로 총애를 얻게 되었다. 왕이 즉위하자 윤수는 가족을 데리고 귀국하여 매를 기르던 응방을 관리하면서 권세를 믿고 제멋대로 악한 일을 하였다.

① ㄱ - 원의 공주와 결혼하였어.

② ㄱ - 원 황제에게 '충'자가 붙은 시호를 받았어.

③ ㄴ - 대표적인 문벌 세력이었어.

④ ㄴ - 원의 세력을 배경으로 성장하였어.

⑤ ㄷ - 당시 고려에서는 원에 매를 조공으로 바쳤어.

어휘를 익혀요

01 다음 낱말의 뜻을 찾아 선으로 이으세요.

1 내정 •

2 시호 •

3 측근 •

• ㄱ 국내의 정치

• ㄴ 곁에서 가까이 모시는 사람

• ㄷ 왕이나 재상들이 죽은 뒤에 그들의 공덕을 칭송하여 붙인 이름

02 다음 빈칸에 공통으로 들어갈 낱말로 알맞은 것은 무엇인가요? [   ]

「명사」
1. 자격이나 등급, 지위 따위의 격이 낮아짐. 또는 그것을 낮춤.
  • 분노한 임금이 그의 지위를 (   )하였다.
  • 일제에 의해 창경궁은 창경원으로 (   )되었다.

① 격상   ② 격하   ③ 낙하   ④ 폭락   ⑤ 하강

03 다음 중 두 낱말의 관계가 ㄱ, ㄴ의 관계와 같은 것은 무엇인가요? [   ]

원은 고려에 지나치게 많은 ㄱ 조공을 요구하였다. 고려 백성은 ㄴ 금, 인삼, 사냥용 매와 같은 특산물을 바쳤고 심지어 공녀까지 보내야 하였다. 이로 인해 고려의 민심이 크게 동요 하였다.

① 보통 - 특별   ② 상승 - 하강   ③ 탁구 - 농구

④ 새내기 - 신입생   ⑤ 불교 예술 - 불상

14 공민왕의 개혁 정치

글을 읽으면서 중요하다고 생각하는 낱말에 색칠해 보세요.

가 원 간섭기 고려 국왕들은 원의 간섭을 약화시키기 위하여 노력하였어요. 고려 국왕이 정동행성의 장관을 겸하고 중요한 °직책은 비워 두어 내정을 간섭하던 정동행성의 기능을 약화시켰어요. 충렬왕 때에는 외교적 노력을 기울여 원으로부터 동녕부와 탐라총관부를 돌려받기도 하였지요. 원에서 고려의 국호를 없애고 고려를 원이 직접 다스리려는 °논의가 일어나자, 고려는 원종과 쿠빌라이의 약속을 근거로 원에 강력히 항의하여 이를 좌절시켰어요. 또한 백성의 삶을 안정시키고 국가 재정을 늘리려 노력하였어요. 하지만 이러한 개혁은 원의 세력을 등에 업은 권문세족의 방해로 좌절되었어요.

나 14세기 중반, 중국 각지에서 일어난 한족의 반란으로 원이 혼란에 빠지면서 쇠퇴하던 시기에 고려에서는 공민왕이 즉위하였어요. 공민왕은 이러한 국제 정세를 이용하여 여러 가지 개혁을 추진하였어요. 우선 ㉠ 원의 간섭을 물리쳐 왕권을 강화하고 자주성을 되찾으려 하였어요. 당시 °위세를 떨치던 기씨 °일족을 비롯한 친원 세력을 제거하였으며, 몽골의 풍속을 금지하고, 고려의 관제와 °복식을 회복하였어요. 또한 내정을 간섭하던 정동행성 이문소를 없애고, 쌍성총관부를 공격하여 철령 이북의 영토를 되찾았어요. 이어 승려 신돈을 등용하여 전민변정도감을 설치하였어요. 이를 통해 권문세족이 불법적으로 빼앗은 토지와 노비를 원래 주인에게 돌려주고 강제로 노비가 된 사람들을 °양인으로 해방하였어요. 또한 성균관을 정비하여 개혁을 뒷받침할 세력을 양성하였어요.

다 공민왕이 펼친 개혁 정치는 백성의 큰 환영을 받은 반면 권문세족의 강력한 반발에 부딪혔어요. 또한 홍건적과 °왜구가 고려를 침입하면서 개혁을 계속해서 해 나가기 어려웠어요. 결국 신돈이 제거되고 공민왕마저 °시해당하면서 개혁은 중단되었답니다.

중심 낱말 찾기

01 다음 빈칸에 들어갈 낱말을 이 글에서 찾아 쓰세요.

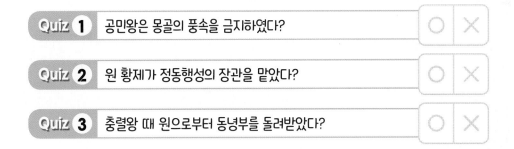

공민왕은 [ ][ ][ ][ ][ ][ ]을/를 설치하여 권문세족이 빼앗은 토지와 노비를 원래 주인에게 돌려주고 강제로 노비가 된 사람들을 양인으로 해방하였다.

내용 이해

02 다음 퀴즈 내용이 맞으면 ○, 틀리면 ✕에 표시하세요.

Quiz ❶ 공민왕은 몽골의 풍속을 금지하였다?	○	✕
Quiz ❷ 원 황제가 정동행성의 장관을 맡았다?	○	✕
Quiz ❸ 충렬왕 때 원으로부터 동녕부를 돌려받았다?	○	✕

내용 이해

03 ㉠에 따라 실시한 정책으로 알맞지 <u>않은</u> 것은 무엇인가요?   [   ]

① 친원 세력을 등용하였다.

② 쌍성총관부를 공격하였다.

③ 정동행성의 기능을 약화시켰다.

④ 고려의 관제와 복식을 회복하였다.

⑤ 성균관을 정비하고 개혁을 뒷받침할 세력을 양성하였다.

❶ **직책**: 한 직위에 맡겨진 업무와 책임
❷ **논의**: 어떤 문제에 대하여 서로 의견을 내어 토의함.
❸ **위세**: 사람을 두렵게 하여 복종하게 하는 힘
❹ **일족**: 같은 조상으로부터 핏줄을 이어받은 사람, 또는 같은 조상의 친척

❺ **복식**: 옷과 장신구를 아울러 이르는 말
❻ **양인**: 천민을 제외한 신분
❼ **왜구**: 13세기부터 16세기까지 우리나라 연안을 무대로 약탈을 일삼던 일본 해적
❽ **시해**: 부모나 임금 등을 죽임.

04 다음 질문에 <u>잘못</u> 답한 어린이는 누구인지 쓰세요.

> ### 공민왕의 개혁 정치가 실패하게 된 이유는 무엇인가요?

누리 공민왕이 시해 당하였어요.

서진 백성의 반발에 부딪혔어요.

진영 신돈이 제거 되었어요.

05 다음 밑줄 친 '국제 정세'의 내용을 이 글에서 찾아 쓰세요.

> 공민왕은 즉위 후 원의 간섭에서 벗어나 고려의 자주성을 회복하기 위한 반원 정책을 실시하였다. 또한 내정을 개혁하여 왕권을 강화하려 하였다. 공민왕은 14세기 중반의 <u>국제 정세</u>를 이용하여 이와 같은 개혁 정치를 추진할 수 있었다.

06 신돈이 다음과 같은 개혁을 펼친 배경으로 알맞은 것은 무엇인가요?

> #### #03 공민왕과 신돈의 대화
> • 공민왕: 짐이 개혁 의지를 밝히고 그대에게 일을 맡겼다. 어떤 일들이 진행되고 있나?
> • 신돈: 전민변정도감을 설치하여 권세가들이 차지하고 있던 토지와 노비를 원래 주인에게 돌려주고 있사옵니다.

① 문벌들이 주요 관직을 독차지하였다.

② 천주교가 부녀자 사이에 널리 퍼졌다.

③ 무신들이 문신들에 비해 차별을 받았다.

④ 진골 귀족 간에 권력 다툼이 치열하였다.

⑤ 권문세족이 강제로 사람들을 노비로 삼았다.

어휘를 익혀요

01 다음 뜻을 나타내는 낱말에 ◯표 하세요.

① 천민을 제외한 신분 [문벌 / 양인]

② 옷과 장신구를 아울러 이르는 말 [복식 / 충복]

③ 같은 조상으로부터 핏줄을 이어받은 사람, 또는 같은 조상의 친척 [세족 / 일족]

02 다음 문장의 빈칸에 들어갈 낱말을 보기 에서 찾아 쓰세요.

> 보기
>
> 논의   시해   왜구   직책

① 그는 국회의원으로서의 (   )을/를 내려놓았다.

② 마을 사람들이 의병을 조직하여 (   )을/를 물리쳤다.

③ 일제에 의해 조선의 명성 황후가 (   )되는 사건이 일어났다.

④ 주요 인사들이 모여 사회 복지 정책에 대한 (   )을/를 진행할 예정이다.

03 다음 글에서 밑줄 친 낱말과 바꾸어 쓸 수 있는 낱말은 무엇인가요? [ ]

> 이 판사 댁은 대대로 마을 대부분의 땅을 소유하고 있는 부자였다. 사람들을 함부로 데려다가 부려도 관청에서도 어쩌지 못하였고 나는 새도 떨어뜨린다는 말을 할 정도로 <u>권세</u>가 대단하였다.

① 위세   ② 도의   ③ 신뢰   ④ 신의   ⑤ 효력

15 고려 말 새롭게 등장한 세력

글을 읽으면서 중요하다고 생각하는 낱말에 색칠해 보세요.

가 고려 공민왕이 개혁 정치의 하나로 성균관을 정비하고 유교 교육을 강화하는 과정에서 새로운 정치 세력인 신진 사대부가 형성되었어요. 원 간섭기에는 원에서 활동하는 고려의 학자들이 많았는데 이들을 통해 ❶성리학이 고려에 전해졌어요. 신진 사대부들은 ❷명분과 도덕을 중요시하는 성리학을 받아들여 사상적 기반으로 삼았어요. 신진 사대부들은 대부분 하급 관리나 지방 향리의 자제였으며, 일부 권문세족 출신도 있었어요. 주로 과거에 합격하여 관리가 되었고, 유교 지식과 행정 ❸실무 능력을 바탕으로 성장하였어요. 이들은 점차 독자적인 정치 세력을 형성하여 권문세족의 비리를 비판하고 견제하였어요. 또한 원과 명이 교체되던 시기에 원과의 관계를 끊고 명과 화친할 것을 주장하였어요. 이들은 명에 가서 사신의 역할을 성공적으로 ❹수행하여 입지를 넓히기도 하였어요.

나 공민왕이 개혁을 추진하던 때에는 홍건적과 왜구가 고려에 자주 침입하였어요. 홍건적은 원이 쇠약해진 틈을 타 반란을 일으킨 한족 농민군이었어요. 이들은 머리에 붉은 두건을 묶었기 때문에 홍건적이라고 불렸어요. 홍건적의 일부는 고려에 침입하여 고려 백성을 괴롭혔어요. 한때 개경을 함락하기도 하였으나 고려의 부인늘이 반격하여 이들을 물리쳤어요. 한편, 남쪽에서는 왜구가 쳐들어와 마을을 불 지르고 ❺노략질하였어요. 왜구는 남쪽 해안 지방을 약탈하다가 점차 ❻내륙 지방과 개경 근처까지 침입하였어요. 이로 인해 해안 지방이 황폐해지고 바닷길을 통한 조세의 운반이 어려워져 국가 재정이 궁핍해졌어요. 이 시기에 성장한 대표적인 ❼신흥 무인 세력으로 최영과 이성계가 있어요. 최영과 이성계는 육지에 들어온 왜구를 크게 무찔렀어요. 최무선은 중국에서 화약 기술을 배워와 화포를 제작하여 왜구의 배를 불살랐어요. 홍건적과 왜구를 격퇴하는 과정에서 큰 공을 세운 무인들은 백성의 ❽신망을 얻었어요.

중심 낱말 찾기

01 각 문단의 중심 낱말을 찾아 쓰세요.

가 문단: ☐☐☐☐☐ 의 성장

나 문단: ☐☐☐☐☐☐ 의 성장

내용 이해

02 신진 사대부가 성장할 수 있었던 배경을 바르게 말한 어린이는 누구인지 쓰세요.

도은	연개소문이 정변을 일으켰어.
민수	진골 출신의 왕이 등장하였어.
시하	공민왕이 성균관을 정비하고 유교 교육을 강화하였어.

내용 이해

03 다음 내용이 맞으면 ◯, 틀리면 ✕에 표시하세요.

❶ 신진 사대부들은 원과 화친할 것을 주장하였다. [◯ / ✕]

❷ 원에서 활동한 고려의 학자들이 성리학을 고려에 전하였다. [◯ / ✕]

❸ 신진 사대부들은 대부분 하급 관리나 지방 향리의 자제였다. [◯ / ✕]

❹ 신흥 무인 세력은 유교 지식과 행정 실무 능력을 바탕으로 성장하였다. [◯ / ✕]

---

❶ **성리학**: 인간의 심성과 우주의 원리를 탐구하는 새로운 유학
❷ **명분**: 각각의 이름, 신분에 따라 마땅히 지켜야 할 도리
❸ **실무**: 실제의 업무나 사무
❹ **수행**: 생각하거나 계획한 대로 일을 해냄.

❺ **노략질**: 떼를 지어 돌아다니며 사람을 해치거나 재물을 강제로 빼앗는 짓
❻ **내륙**: 바다에서 멀리 떨어져 있는 육지
❼ **신흥**: 어떤 사회적 사실이나 현상이 새로 일어남.
❽ **신망**: 믿고 기대함. 또는 그런 믿음과 덕망

04 신흥 무인 세력에 대한 설명으로 알맞지 <u>않은</u> 것은 무엇인가요? [✎]

① 고려 말 백성의 신망을 얻어 성장하였다.

② 농민 반란군으로, 머리에 붉은 두건을 묶었다.

③ 최무선은 화포를 제작하여 왜구의 배를 불살랐다.

④ 홍건적과 왜구를 격퇴하는 과정에서 큰 공을 세웠다.

⑤ 최영과 이성계는 육지에 들어온 왜구를 크게 무찔렀다.

05 다음 특징을 지닌 세력에 ○표 하세요.

특징	신진 사대부	신흥 무인 세력
❶ 명에 사신으로 가서 활약하였다.	☐	☐
❷ 왜구를 격퇴하는 데 공을 세웠다.	☐	☐
❸ 개경에 침입한 홍건적을 물리쳤다.	☐	☐
❹ 유교 지식, 행정 실무 능력을 갖추었다.	☐	☐

06 다음 일기를 쓴 인물이 속한 정치 세력에 대해 추론한 내용으로 알맞은 것은 무엇인가요? [✎]

나는 하급 관리의 자제로 태어나 유년 시절 과거 공부에 힘썼어요. 과거에 합격하여 중앙의 관리가 된 이후 국왕께서 실시하는 개혁에 참여할 수 있게 되었답니다. 권문세족이 저지른 비리를 파헤쳐 견제하는 것이 요즈음 내가 하는 일입니다.

① 원에 기대어 성장하였다.

② 국가로부터 녹읍을 받았다.

③ 음서와 공음전의 혜택을 누렸다.

④ 성리학을 사상적 기반으로 삼았다.

⑤ 외적을 격퇴하는 과정에서 백성의 신망을 얻었다.

어휘를 익혀요

01 다음 낱말의 뜻을 찾아 선으로 이으세요.

1 내륙 •

2 수행 •

3 신흥 •

• ㄱ 바다에서 멀리 떨어져 있는 육지

• ㄴ 생각하거나 계획한 대로 일을 해냄.

• ㄷ 어떤 사회적 사실이나 현상이 새로 일어남.

02 다음 밑줄 친 낱말의 뜻을 **보기**에서 찾아 기호를 쓰세요.

보기
ㄱ 실제의 업무나 사무
ㄴ 각각의 이름이나 신분에 따라 마땅히 지켜야 할 도리
ㄷ 떼를 지어 돌아다니며 사람을 해치거나 재물을 강제로 빼앗는 짓

1 사대부들은 물질보다는 <u>명분</u>을 중시하였다. (   )

2 그 사람은 풍부한 <u>실무</u> 경험을 가지고 있었다. (   )

3 요즘 들어 각 마을을 돌아다니며 <u>노략질</u>을 하는 산적들이 극성을 부린다. (   )

03 다음 대화의 빈칸에 공통으로 들어갈 낱말로 알맞은 것은 무엇인가요? [✎   ]

이번 국회 의원 후보는 국민의 (   )이/가 높은 인물이 선정되었어.

많은 사람의 (   )을/를 받아야 투표에서 많은 표가 나올 테니 그렇겠지.

① 기세　　② 덕행　　③ 명예　　④ 신망　　⑤ 신탁

고려의 신분제와 가족 제도

글을 읽으면서 중요하다고 생각하는 낱말에 색칠해 보세요.

가 고려의 신분은 크게 양인과 천인으로 나뉘었어요. 양인 중 문무 관리, 향리 등이 국가의 지배층을 이루었어요. 양인의 대부분은 군현에 거주하는 농민들이었는데, 이들은 백정이라 불렸어요. 백정은 국가에 세금과 특산물, 노동력을 바쳤어요. 원칙상 과거에 응시할 수 있었지만 현실적으로 생계를 이어 가며 과거 시험을 준비하기에는 어려움이 있었어요. 천인의 대다수를 차지한 것은 노비였어요. 노비는 중요한 재산으로 여겨져 ❶매매, ❷증여, 상속의 대상이 되었어요. 부모 중 한 명이 노비이면 그 자녀도 노비가 되었답니다.

나 고려의 혼인 제도는 ❸일부일처제가 일반적이었고 대부분 같은 신분 내에서 혼인이 이루어졌어요. 신랑이 신부 집에 가서 혼인식을 치르고 혼인 후 신부 집에서 계속 사는 일이 많았어요. 혼인한 남성과 여성은 모두 이혼을 요구할 수 있었어요. 부부 중 한쪽이 사망하면 재혼하는 것을 당연하게 여겨 재혼한 여성의 자녀도 차별을 받지 않았답니다.

다 고려의 가족 제도에서 남성과 여성의 관계는 비교적 수평적이었어요. 가족과 ❹친족은 성별에 관계없이 부부 각자의 혈연이 중심이 되었답니다. 부부는 각자 자신의 재산을 가지고 있다가 아들, 딸 상관없이 균등하게 나누어 주었고 자녀가 없으면 각자의 친족에게 재산을 상속하였어요. ❺호적에는 태어난 순서대로 적어 남녀 간에 차별을 두지 않았고, ❻족보에도 친손과 외손을 모두 기록하였어요. ❼상복 제도에서도 아버지 쪽과 어머니 쪽의 차이가 크지 않았으며 죽은 사람을 기리는 기간도 동일하였어요. 어머니도 ❽호주가 될 수 있었고, 어머니 쪽 조상에 힘입어 사위와 외손자가 음서의 혜택을 받을 수 있었어요. 그리고 호칭에서 아버지 쪽과 어머니 쪽을 구분하지 않았어요. 이에 따라 친조부와 외조부를 모두 '한아비(할아비)'라고 불렀고 큰아버지와 작은아버지, 외삼촌은 모두 '아자비', 고모와 이모를 모두 '아자미'로 불렀어요.

중심 낱말 찾기

01 각 문단의 중심 낱말에 ◯표 하세요.

가 문단: 고려의 신분은 크게 [문벌 / 양인]과 천인으로 나뉘었다.

나 문단: 고려의 혼인 제도는 [일부다처제 / 일부일처제]가 일반적이었다.

다 문단: 고려에서 가족과 친족은 부부 각자의 [성별 / 혈연]이 중심이 되었다.

내용 이해

02 고려의 신분에 대한 설명으로 알맞지 않은 것은 무엇인가요? [ ]

① 노비는 매매, 증여, 상속의 대상이 되었다.

② 천인의 대다수를 차지한 것은 노비였다.

③ 문무 관리, 향리는 국가의 지배층이었다.

④ 백정은 원칙상 과거에 응시할 수 없었다.

⑤ 군현에 거주하는 농민들을 백정이라 불렀다.

내용 이해

03 고려 시대의 생활 모습으로 알맞은 것을 **보기**에서 모두 골라 기호를 쓰세요.

> **보기**
>
> ㉠ 일부일처제가 일반적이었다.
> ㉡ 여성은 남성에게 이혼을 요구할 수 없었다.
> ㉢ 대부분 신부가 신랑 집에 가서 혼인식을 치렀다.
> ㉣ 아들과 딸 상관없이 재산을 균등하게 나누어 주었다.

---

❶ **매매**: 물건을 팔고 사는 일

❷ **증여**: 물품 따위를 선물로 줌.

❸ **일부일처제**: 남성과 여성이 각각 한 명의 배우자만 두는 혼인 제도

❹ **친족**: 촌수가 가까운 일가

❺ **호적**: 국가가 호주를 기준으로 그 집에 속하는 사람의 신분에 관한 사항을 기록한 공문서

❻ **족보**: 한 가문의 계통과 혈통 관계를 적어 기록한 책

❼ **상복**: 죽은 사람을 애도하면서 입는 예복

❽ **호주**: 가족 부양의 권리와 의무가 있는 집안의 주인

04 고려 시대의 여성에 대한 설명이 맞으면 ○, 틀리면 ✕에 표시하세요.

① 집안의 호주가 될 수 없었다. [○ / ✕]

② 자신의 재산을 가질 수 있었다. [○ / ✕]

③ 호적에 태어난 순서대로 기록되었다. [○ / ✕]

④ 배우자가 사망하면 재혼할 수 있었다. [○ / ✕]

05 다음 호칭을 고려 시대에는 어떻게 불렀는지 보기 에서 찾아 쓰세요.

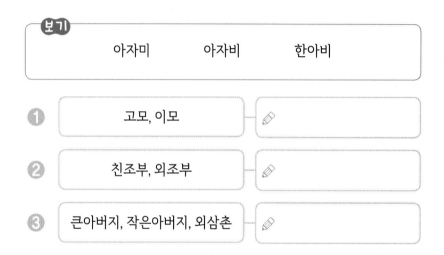

보기

| 아자미 | 아자비 | 한아비 |

① 고모, 이모 ✎

② 친조부, 외조부 ✎

③ 큰아버지, 작은아버지, 외삼촌 ✎

06 다음 사례를 읽고 고려 시대 가족 제도의 특징을 바르게 말한 어린이는 누구인지 쓰세요.

- 고려에서는 족보에 친손과 외손을 모두 기록하였다.
- 고려의 상복 제도에서 아버지 쪽과 어머니 쪽의 차이가 크지 않았다.
- 고려 시대에는 어머니 쪽 조상에 힘입어 음서의 혜택을 받을 수 있었다.

솔이   고려에서 가족과 친족은 성별이 중심이 되었어.

주아   고려 시대에는 아버지 쪽을 중심으로 가족 제도가 운영되었어.

재윤   고려의 가족 제도에서 남성과 여성은 비교적 평등한 관계를 유지하였어.

✎ _____

어휘를 익혀요

01 다음 뜻을 나타내는 낱말에 ○표 하세요.

❶ 물품 따위를 선물로 줌. [매수 / 증여]

❷ 가족 부양의 권리와 의무가 있는 집안의 주인 [호장 / 호주]

❸ 한 가문의 계통과 혈통 관계를 적어 기록한 책 [족보 / 족적]

02 다음 빈칸에 들어갈 낱말을 찾아 선으로 이으세요.

1 매매 •

2 친족 •

3 호적 •

• ㄱ 국가가 나서 소금의 (   )을/를 금지하였다.

• ㄴ 출생 신고를 늦게 하여 (   )에는 원래 나이보다 두 살 적게 기재되어 있었다.

• ㄷ 고대 사회에서 개인의 사회적 지위는 능력보다 자신이 속한 (   )의 신분에 따라 결정되었다.

03 '상복'이 다음과 같은 뜻으로 쓰인 문장이 <u>아닌</u> 것은 무엇인가요? [🖉   ]

> 죽은 사람을 애도하면서 입는 예복

① 항생제의 지나친 <u>상복</u>은 건강에 좋지 않다.

② 이 옷은 왕이 평상시 집무를 할 때에 입던 <u>상복</u>이다.

③ 우리 형제들은 할머니의 장례를 마친 뒤 <u>상복</u>을 벗었다.

④ 그 학생은 <u>상복</u>이 없는 편인지 이번에도 입상하지 못하였다.

⑤ 일출을 보며 한 해 동안 부모님댁에 <u>상복</u>이 충만하기를 기원하였다.

17 불교와 유학의 발달

글을 읽으면서 중요하다고 생각하는 낱말에 색칠해 보세요.

가 고려 시대에는 불교를 장려하여 왕실부터 일반 백성에 이르기까지 널리 불교를 믿었어요. 고려는 스승이 될 만한 승려에게 국사, 왕사의 칭호를 내렸고, 연등회를 비롯한 불교 행사를 매년 큰 규모로 열었어요. 고려에서는 왕자나 귀족 가문의 자제가 승려가 되는 것이 흔한 일이기도 하였답니다. 정부는 승려에게 ^❶면역의 혜택을 주었고, 사원에는 토지를 주기도 하였어요.

나 고려 중기에는 불교의 여러 종파 간 대립이 심해졌어요. 이에 의천은 ^❷교단 통합 운동을 벌였어요. 화엄종을 중심으로 교종을 통합하고자 하였고 이어 천태종을 ^❸창시하여 교종의 입장에서 선종을 합치려 하였지요. 그러나 의천이 죽은 뒤 교단은 다시 나뉘게 되었답니다. 무신 집권기에 지눌은 불교의 ^❹세속화를 비판하고, 수선사를 중심으로 불교 개혁 운동을 펼쳤어요. 또한 선종을 중심으로 교종을 ^❺포용하여 선종과 교종이 조화를 이루고자 하였어요.

다 원 간섭기에 이르러 불교계의 개혁 의지는 점차 사라졌어요. 불교계는 권문세족과 연결되어 막대한 토지와 노비를 소유하였고, 승려들은 부처의 가르침을 실천하기보다는 후원자의 복을 비는 데 집중하는 등 ^❻폐단을 드러냈어요.

라 고려는 정치나 교육 등에서 대체로 유학 사상을 따랐어요. 과거제를 실시하여 유학에 밝은 인재를 관리로 등용하였으며, 개경에는 국자감을 설치하고 지방에는 향교를 두어 유교 경전과 역사서를 가르쳤어요. 문벌이 성장하면서 점차 시나 문장을 짓는 능력을 더욱 중시하였고 유명한 유학자들이 세운 ^❼사립 학교가 번성하였어요.

마 고려 후기에는 원으로부터 성리학을 받아들였어요. 성리학은 고려 사회의 여러 문제점을 해결하기 위한 개혁 사상으로 여겨졌어요. 성리학을 수용한 신진 사대부는 불교의 폐단을 비판하였고, 이후 불교가 쇠퇴하고 성리학이 새로운 지도 이념으로 자리 잡았어요.

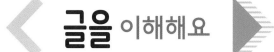 

중심 낱말 찾기

01 각 문단의 중심 낱말을 찾아 쓰세요.

가 문단: 고려 시대의 [　][　] 장려

나 문단: [　][　] 과 지눌의 활동

다 문단: 원 간섭기 불교계의 [　][　]

라 문단: 고려 시대의 [　][　] 교육

마 문단: 고려 후기 [　][　][　] 의 수용

내용 이해

02 이 글의 내용과 일치하지 <u>않는</u> 것은 무엇인가요? [✎ 　　]

① 고려 시대에는 불교를 장려하였다.

② 고려에서는 연등회라는 행사가 열렸다.

③ 고려 시대에는 국사, 왕사 제도가 있었다.

④ 고려 시대의 승려는 면역의 혜택을 누렸다.

⑤ 고려에서는 왕자가 승려가 되는 것을 법으로 금지하였다.

내용 이해

03 다음 빈칸에 들어갈 말을 이 글에서 찾아 쓰세요.

의천은 [　][　][　] 을/를 중심으로 교종을 통합하고 천태종을 창시하여 교종의 입장에서 선종을 통합하려 하였다.

✎ _____

❶ **면역**: 병역과 부역에서 면제해 줌.

❷ **교단**: 같은 종교상의 가르침을 믿는 사람들의 종교 단체

❸ **창시**: 어떤 사상, 학설 따위를 처음으로 시작하거나 내세움.

❹ **세속화**: 세상의 일반적인 풍속을 따르거나 또는 거기에 물 들어 감.

❺ **포용**: 남을 너그럽게 감싸 주거나 받아들임.

❻ **폐단**: 어떤 일이나 행동에서 나타나는 옳지 못한 경향

❼ **사립**: 개인이 자신의 자금으로 공익의 사업 기관을 설립하 여 유지함.

04 지눌의 활동에 대해 바르게 말한 어린이는 누구인지 쓰세요.

> **경희** 수선사를 중심으로 불교를 개혁하려 하였어.
>
> **도연** 교종의 입장에서 선종을 하나로 합치려 하였어.
>
> **우석** 사립 학교를 세워 유학에 밝은 인재를 양성하려 하였어.

05 원 간섭기 불교계의 모습으로 알맞은 것은 무엇인가요? [   ]

① 의천이 천태종을 창시하였다.

② 원효가 화쟁 사상을 주장하였다.

③ 지눌이 선종을 중심으로 교종을 포용하려 하였다.

④ 의상이 신라 화엄종을 개창하고 부석사를 건립하였다.

⑤ 사찰이 권문세족과 연결되어 막대한 토지를 소유하였다.

06 이 글의 내용과 일치하도록 괄호 안의 낱말 중 알맞은 것에 ○표 하세요.

❶ 고려는 개경에 [태학 / 국자감]을 설치하여 유교 경전을 가르쳤다.

❷ 고려에서는 [무신 / 문벌]이 성장하면서 유명한 유학자들이 세운 사립 학교가 번성하였다.

07 다음 학습 목표를 달성한 어린이가 할 수 있는 설명으로 알맞은 내용을 쓰세요.

> 학습 목표: 고려 후기에 원으로부터 성리학을 수용한 것이 고려 사회에 미친 영향을 설명할 수 있다.

어휘를 익혀요

01 다음 뜻을 나타내는 낱말을 쓰세요.

❶ 어떤 일이나 행동에서 나타나는 옳지 못한 경향 ☐☐

❷ 세상의 일반적인 풍속을 따르거나 또는 거기에 물들어 감. ☐☐☐

❸ 개인이 자신의 자금으로 공익의 사업 기관을 설립하여 유지함. ☐☐

02 다음 빈칸에 들어갈 낱말을 오른쪽 상자에서 찾아 쓰세요.

❶ ☐☐★ 의 문제가 드러나면서 신도 수가 크게 줄었다. ★같은 종교상의 가르침을 믿는 사람들의 종교 단체

단	교	리	정

❷ 나인영은 나철이라 이름을 바꾸고 대종교를 ☐☐★ 하였다. ★어떤 사상, 학설 따위를 처음으로 시작하거나 내세움.

창	공	업	시

❸ 남한과 북한 사이에 필요한 것은 화해와 ☐☐★ 의 자세이다. ★남을 너그럽게 감싸 주거나 받아들임.

용	포	수	괄

03 다음 글에서 밑줄 친 내용과 바꾸어 쓸 수 있는 낱말은 무엇인가요? [✎]

조선 후기에는 서원들이 지방 양반들의 세력 기반이 되어 <u>각종 역에서 제외되는</u> 특권을 누렸다. 흥선 대원군이 서원을 없애면서 국가 재정이 늘고 민생이 안정되자 백성은 이를 크게 환영하였으나 지방 양반들은 강력히 반발하였다.

① 고역   ② 면역   ③ 부역   ④ 중역   ⑤ 하역

18 고려의 인쇄술 발달

글을 읽으면서 중요하다고 생각하는 낱말에 색칠해 보세요.

가 고려 사람들은 나라에 큰일이 생기면 부처의 힘에 의지해 어려움을 극복하려고 했어요. 고려는 거란의 침입을 받았을 때 처음 [●]대장경을 만들었는데 이를 초조대장경이라고 불러요. 하지만 몽골의 침입으로 초조대장경이 불타 없어지게 되었답니다. 이에 고려인들은 부처의 힘으로 몽골의 침입을 이겨 내고자 다시 대장경을 ^❷간행하였어요. 이 대장경의 정식 이름은 고려대장경이지만 흔히 팔만대장경이라고 불러요. 팔만대장경은 초조대장경을 바탕으로 송, 거란의 대장경을 발전시켜 만들었는데 지금까지 전해지는 대장경 중 완성도가 가장 높아요. 팔만대장경에는 1,500여 종의 불교 ^❸경전 내용이 담겨 있어 고려 불교 문화의 높은 수준을 알려 주지요. 팔만대장경판은 ^❹목판 8만여 장에 불경을 새긴 것인데 글자 모양이 고르고 틀린 글자도 거의 없어요. 이를 통해 고려의 인쇄술이 매우 뛰어났음을 알 수 있어요. 팔만대장경판은 현재 유네스코 세계 기록 ^❺유산으로 ^❻등재되어 있으며, 이를 보관하고 있는 해인사 장경판전도 유네스코 세계 유산으로 등재되어 있어요.

나 고려에서는 목판 인쇄가 시간과 비용이 많이 들고 보관이 어렵다는 문제점을 해결하기 위해 금속 ^❼활자를 만들었어요. 금속 활자 인쇄는 필요한 활자를 한 글자씩 만들어 두었다가 이를 인쇄판에 늘어놓고 찍어 내는 방식이에요. 이를 이용하면 여러 종류의 책을 빠르게 만들 수 있지요. 그러나 금속 활자를 만드는 기술뿐만 아니라 먹과 종이를 만드는 기술 등도 함께 발달해야 해서 쉽게 발전하기 어려운 기술이었어요. 고려에서는 인쇄술 개발에 힘을 기울인 결과 세계 최초로 금속 활자를 발명할 수 있었어요. 오늘날 전해지는 금속 활자 인쇄본 중 가장 오래된 것은 『직지심체요절』이에요. 1377년 청주 흥덕사에서 인쇄하였으며 유럽에서 금속 활자로 인쇄된 책보다 70여 년 이상 앞서 제작되었어요. 이 책은 불교의 가르침 중에서 깨달음에 관한 내용을 정리한 것으로 유네스코 세계 기록 유산으로 등재되었어요.

정답 113쪽

중심 낱말 찾기

01 각 문단의 중심 낱말에 ○표 하세요.

가 문단: 몽골의 침입을 받자 고려인들은 [초조대장경 / 팔만대장경]을 간행하였다.

나 문단: [『직지심체요절』 / 무구정광대다라니경]은 오늘날 전해지는 금속 활자 인쇄본 중 가장 오래된 것이다.

내용 이해

02 다음 내용이 맞으면 ○, 틀리면 ✕에 표시하세요.

❶ 팔만대장경의 정식 이름은 고려대장경이다. [○ / ✕]

❷ 해인사 장경판전은 유네스코 세계 유산으로 등재되었다. [○ / ✕]

❸ 고려가 거란의 침입을 받았을 당시 초조대장경이 불타 없어졌다. [○ / ✕]

내용 이해

03 팔만대장경에 대한 설명으로 알맞은 것은 무엇인가요? [✎   ]

① 우리나라에서 최초로 만든 대장경이다.

② 혜초가 인도와 중앙아시아 순례 후 기록한 책이다.

③ 유네스코 세계 기록 유산으로 등재된 고려의 대장경이다.

④ 오늘날 전하는 금속 활자 인쇄본 중 가장 오래된 것이다.

⑤ 경주 불국사 3층 석탑에서 발견된 두루마리 형식의 불경이다.

---

❶ **대장경**: 부처의 가르침인 불교 경전을 모두 모아 놓은 것

❷ **간행**: 책 따위를 인쇄하여 발행함.

❸ **경전**: 종교의 교리를 적은 책

❹ **목판**: 나무에 글이나 그림 따위를 새긴 인쇄용 판

❺ **유산**: 앞 세대가 물려준 사물 또는 문화

❻ **등재**: 일정한 사항을 장부나 대장에 올림.

❼ **활자**: 네모기둥 모양의 금속 위에 낱개 문자나 기호를 볼록 튀어나오게 새긴 것

04 금속 활자 인쇄술에 대한 설명으로 알맞지 <u>않은</u> 것은 무엇인가요? [✐   ]

① 여러 종류의 책을 빠르게 만들 수 있다.

② 고려에서 세계 최초로 금속 활자를 발명하였다.

③ 필요한 활자를 한 글자씩 만들어 두었다가 인쇄한다.

④ 목판에 새기는 기술이 함께 발달해야 하는 어려운 기술이다.

⑤ 인쇄판에 미리 만들어 둔 활자를 늘어놓고 찍어 내는 방식이다.

05 『직지심체요절』의 특징에 대해 바르게 말한 어린이는 누구인지 쓰세요.

누리	기록만 남아 있고 현재 전하지 않고 있어.
도현	유럽에서 제작된 금속 활자 인쇄본 다음으로 오래되었어.
아영	고려 시대에 청주 흥덕사에서 인쇄된 금속 활자 인쇄본이야.

✐ _____

06 다음 대화를 읽고, (가)에 들어갈 알맞은 내용을 쓰세요.

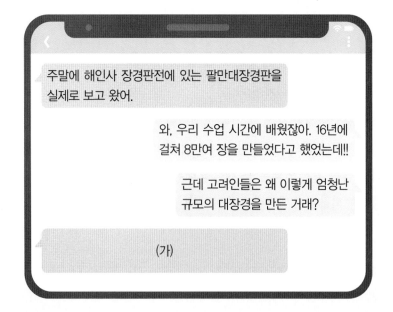

✐ _____

_____

어휘를 익혀요

01 다음 낱말의 뜻을 찾아 선으로 이으세요.

1 경전 •

2 활자 •

3 목판 •

• ㄱ 종교의 교리를 적은 책

• ㄴ 나무에 글이나 그림 따위를 새긴 인쇄용 판

• ㄷ 네모기둥 모양의 금속 위에 낱개 문자나 기호를 볼록 튀어나오게 새긴 것

02 다음 글의 밑줄 친 '유산'의 뜻을 보기에서 찾아 기호를 쓰세요.

조선 후기 풍속화가들이 남긴 그림은 우리 민족 문화의 <u>유산</u>으로 남았다.

보기

ㄱ 재산이 많이 있음.
ㄴ 앞 세대가 물려준 사물 또는 문화
ㄷ 색과 향이 없는 신맛이 나는 액체
ㄹ 상속에 의하여 피상속인으로부터 물려받는 재산

03 다음 빈칸에 공통으로 들어갈 낱말로 알맞은 것은 무엇인가요? [　]

• 족보에 외손을 포함하여 모든 자손을 (　　　　)하였다.
• 선거인 명부에 (　　　　)된 국민 모두가 투표에 참여할 수 있다.
• 연천 전곡리의 구석기 유적은 세계 고고학 지도에 (　　　　)되었다.

① 등락　　　② 등반　　　③ 등사　　　④ 등재　　　⑤ 등행

19 고려 시대 역사책의 편찬

글을 읽으면서 중요하다고 생각하는 낱말에 색칠해 보세요.

가 고려 시대에는 역사 서술을 중시하여 역사책의 편찬이 활발하였어요. 고려 전기에는 『삼국사』, 『7대 실록』과 같은 역사책을 편찬하였어요. 특히, 『7대 실록』은 거란의 침략으로 대부분의 국가 기록이 불타자 남은 기록을 모아 고려 건국 초부터 7대 목종까지의 역사를 연대별로 편찬한 책이라고 해요. 그러나 이들 역사서는 현재 전하지 않고 있어요. 지금까지 전하는 가장 오래된 역사서는 『삼국사기』랍니다. 『삼국사기』는 유학자인 김부식이 인종의 명령에 따라 편찬한 역사서로, 유교적 ❶합리주의 ❷사관에 따라 ❸설화나 신화 등 옛 기록의 신비한 내용은 많이 빼고 자세히 기록하지 않았어요. 또한 신라를 중심으로 역사를 서술하여 고려가 통일 신라를 계승하였다고 보았어요.

나 고려에서는 몽골의 침입과 원 간섭기를 겪으면서 ❹자주 의식을 담은 역사책들이 편찬되었어요. 이규보는 고구려를 세운 동명왕을 영웅으로 칭송하며 「동명왕편」을 지었어요. 「동명왕편」에서는 ❺고대의 신비로운 기록을 존중하고 고려가 고구려를 이어받았다는 의식을 드러냈어요. 원 간섭기에는 승려 일연이 『삼국유사』를 저술하였어요. 이 책은 삼국의 역사와 함께 불교에 관한 내용을 수록하였어요. 여기에 민간에 전하는 전설, ❻야사, 설화, 신화 등 『삼국사기』에서 빠진 내용까지 담았어요. 또한 처음으로 단군의 건국 이야기를 기록하여 우리 역사의 유구함을 보여 주기도 하였답니다. 이승휴는 『제왕운기』에서 고조선부터 고려 시대까지의 역사를 서술하였는데, 단군 조선을 우리 민족 최초의 국가로 보았어요.

다 고려 후기에는 성리학을 수용하면서 정통과 ❼대의명분을 강조하는 유교 사관이 나타났어요. 이제현이 저술한 『사략』은 이러한 유교 사관이 적용된 역사책이에요. 이 책은 홍건적의 침입으로 공민왕이 안동으로 피란갈 때 분실되어 현재는 전하지 않고 있어요.

중심 낱말 찾기

01 각 문단의 중심 낱말에 ◯표 하세요.

가 문단: 고려 전기에는 김부식이 [『삼국사기』 / 『제왕운기』]를 편찬하였다.

나 문단: 원 간섭기에 승려 [일연 / 이규보]은/는 『삼국유사』를 저술하였다.

다 문단: 고려 후기에는 성리학을 수용하면서 [도교 / 유교] 사관이 나타났다.

내용 이해

02 『삼국사기』에 대해 잘못 말한 어린이는 누구인지 쓰세요.

라희	신라를 중심으로 역사를 서술하였어.
민호	김부식이 인종의 명을 받고 편찬하였어.
재준	설화, 신화 등 옛 기록의 신비한 내용을 많이 넣고 자세히 기록하였어.

내용 이해

03 고려 시대에 자주 의식을 담아 편찬된 역사책으로 알맞은 것에 ◯표 하세요.

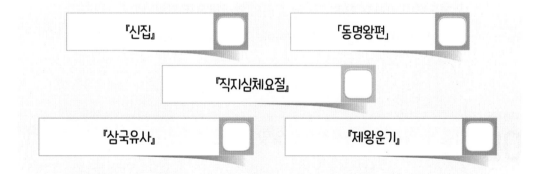

『신집』 ☐　　　「동명왕편」 ☐

『직지심체요절』 ☐

『삼국유사』 ☐　　　『제왕운기』 ☐

---

❶ 합리주의: 이성이나 논리적 타당성에 근거하여 사물을 인
식하거나 판단하는 태도나 사고방식

❷ 사관: 역사가가 역사를 해석하고 설명하는 관점

❸ 설화: 각 민족 사이에 전승되어 오는 신화, 전설, 민담 따
위를 통틀어 이르는 말

❹ 자주: 남의 보호나 간섭을 받지 아니하고 자기 일을 스스
로 처리함.

❺ 고대: 옛 시대

❻ 야사: 민간에서 저술한 역사

❼ 대의명분: 사람으로서 마땅히 지켜야 할 도리나 본분

04 다음 역사책과 그 특징을 선으로 이으세요.

역사책	특징

① 『사략』 •

② 『동명왕편』 •

③ 『삼국유사』 •

④ 『7대 실록』 •

• ㉠ 유교 사관이 적용된 역사책이다.

• ㉡ 고려가 고구려를 이어받았음을 드러냈다.

• ㉢ 고려 건국 초부터 7대 목종까지의 역사를 연대별로 편찬하였다.

• ㉣ 삼국의 역사와 함께 불교에 관한 내용, 전설, 설화 등의 내용을 기록하였다.

05 이 글을 읽고 그 답을 알 수 있는 질문이 <u>아닌</u> 것은 무엇인가요? [✎]

① 「동명왕편」을 저술한 인물은 누구인가요?

② 『삼국유사』에는 어떤 내용이 수록되어 있나요?

③ 백제를 중심으로 서술된 역사책은 무엇인가요?

④ 지금까지 전하는 가장 오래된 우리의 역사책은 무엇인가요?

⑤ 어떤 역사책에서 단군의 건국 이야기를 처음으로 기록하였나요?

06 다음 두 역사책의 공통점으로 알맞은 것은 무엇인가요? [✎]

• 일연의 『삼국유사』
• 이승휴의 『제왕운기』

① 단군에 대해 기록하였다.

② 고려 전기에 편찬된 역사서이다.

③ 거란의 침략으로 불타 없어졌다.

④ 고려 인종의 명령을 받아 편찬하였다.

⑤ 유교적 합리주의 사관에 따라 서술되었다.

어휘를 익혀요

01 다음 뜻을 나타내는 낱말에 ◯표 하세요.

❶ 민간에서 저술한 역사 [야사 / 정사]

❷ 역사가가 역사를 해석하고 설명하는 관점 [사감 / 사관]

❸ 사람으로서 마땅히 지켜야 할 도리나 본분 [공명정대 / 대의명분]

02 다음 문장의 빈칸에 들어갈 낱말을 **보기**에서 찾아 쓰세요.

> **보기**
>
> 고대   수용   설화   합리주의

❶ 과학은 (   )을/를 기초로 하는 학문이다.

❷ 이 지역에는 오래전부터 내려오는 (   )이/가 있다.

❸ 이 불상은 (   )에 만들어진 유물로 문화적 가치가 크다.

❹ 우리 문화에 대한 주체성을 바탕으로 외국 문화를 (   )해야 한다.

03 다음 글의 밑줄 친 '자주'와 같은 뜻으로 사용된 문장은 무엇인가요? [✎   ]

> 우리 민족은 <u>자주</u> 국가를 유지하면서 근대화를 이룩하려 하였다.

① 공민왕은 반원 <u>자주</u> 개혁을 펼쳤다.

② 장마가 시작되면서 비가 <u>자주</u> 내렸다.

③ 그 한복은 연노랑 저고리에 <u>자주</u> 고름이 달렸다.

④ 여진은 세력이 강해지면서 고려와 <u>자주</u> 부딪혔다.

⑤ 권력 다툼이 일어나면서 최고 권력자가 <u>자주</u> 바뀌었다.

고려 시대의 공예와 불화

글을 읽으면서 중요하다고 생각하는 낱말에 색칠해 보세요.

가 고려 시대를 대표하는 공예품으로 고려청자가 있어요. 고려인들은 조상들의 기술을 바탕으로 중국의 기술을 받아들여 ^❶비취색에 독특한 무늬가 더해진 ^❷상감 청자라는 독창적인 예술품을 만들어 냈어요. 상감 기법은 청자의 표면에 무늬를 새기고, 거기에 다른 색의 흙을 메운 후 ^❸유약을 발라 굽는 방법이에요. 청자를 만들려면 그릇을 만드는 흙의 종류부터 달라야 해요. 또한 청자를 구울 때 높은 온도를 일정하게 유지하기 위해 ^❹가마를 만드는 기술과 불을 다루는 기술이 뛰어나야 하지요. 광택이 나고 단단한 청자를 만들려면 유약을 만드는 기술도 발달해야 해요. 고려청자를 보면 고려 사람들의 도자기 공예 기술이 얼마나 뛰어났는지를 알 수 있어요. 고려청자는 주전자, 의자, 찻잔, 베개, 향로 등 다양한 용도로 만들어졌어요. 고려청자는 만들기가 어렵고 가치가 높아 귀족들 사이에서 널리 사용되었어요. 하지만 고려 후기에 이르러서는 평민도 질 낮은 청자를 사용할 정도로 청자 생산이 크게 늘어났어요.

나 고려 시대에는 나무로 만든 물품의 표면에 ^❺옻칠을 하고 그 위에 ^❻자개를 오려 붙여 무늬를 내는 나전 칠기 공예도 크게 발달하였어요. 원의 황후는 고려 나전 칠기의 아름다움에 반해 불경을 담는 함을 보내 달라고 요청하기도 했어요. 현재 남아 있는 불경함, 문방구 등은 고려 나전 칠기의 아름다움을 잘 보여 준답니다.

다 고려 후기에는 지배층의 평안과 ^❼극락왕생을 기원하는 불화가 왕실과 귀족 사이에서 큰 인기를 얻었어요. 부처와 이상 세계를 표현한 그림인 불화는 비단 바탕에 금가루 등을 사용하여 화려하게 제작되었어요. 현재 남아 있는 대부분의 작품은 14세기의 것으로, 표현과 기법이 섬세하고 아름다워 세계적으로 그 예술적 가치를 인정받고 있어요. 대표적인 작품으로는 일본에 전해 오는 혜허의 「양류관음도」를 들 수 있어요.

중심 낱말 찾기

01 각 문단의 중심 낱말을 찾아 쓰세요.

가 문단: ☐☐☐☐ 와 상감 기법의 발달

나 문단: ☐☐☐ 공예의 발달

다 문단: 고려 후기의 ☐☐ 제작

내용 이해

02 다음 중 고려청자 제작과 관련이 있는 내용에 ○표 하세요.

☐ 가마 ☐ 비단 ☐ 옻칠

☐ 유약 ☐ 자개 ☐ 상감 기법

내용 이해

03 다음 내용이 맞으면 ○, 틀리면 ✕에 표시하세요.

❶ 고려 시대에는 나전 칠기 공예로 불경함, 문방구 등을 만들었다. [○ / ✕]

❷ 고려 후기에는 청자 생산이 크게 줄어들면서 귀족들만 청자를 사용하였다. [○ / ✕]

❸ 그릇 표면에 무늬를 새기고 거기에 다른 색의 흙을 메운 후 유약을 발라 굽는 방법을 상감 기법이라고 한다. [○ / ✕]

❶ **비취색**: 옥처럼 곱고 짙은 초록색

❷ **상감**: 금속이나 도자기 등의 표면에 무늬를 새겨서 그 속에 금, 은 따위를 박아 넣는 공예 기법

❸ **유약**: 도자기를 구울 때 그 겉면에 바르는 약

❹ **가마**: 숯이나 도자기 · 기와 · 벽돌 등을 구워 내는 시설

❺ **옻칠**: 가구나 나무 그릇 따위에 윤을 내기 위하여 옻을 바르는 일

❻ **자개**: 조개껍데기를 잘라 낸 조각으로 빛깔이 아름다워 가구 등을 장식하는 데 쓰임.

❼ **극락왕생**: 죽어서 극락에 다시 태어남.

04 다음에서 설명하는 그림은 무엇인지 이 글에서 찾아 쓰세요.

> • 부처와 이상 세계를 표현하였다.
> • 고려 후기에 지배층의 평안과 극락왕생을 기원하며 많이 제작되었다.

✎ _____

05 이 글의 내용과 일치하도록 괄호 안의 낱말 중 알맞은 것에 ○표 하세요.

1 혜허의 [「천마도」 / 「양류관음도」]는 고려 불화를 대표하는 작품이다.

2 [당 / 원]의 황후는 고려 나전 칠기의 아름다움에 반해 불경함을 보내 달라고 요청하기도 하였다.

06 이 글을 읽고 알 수 있는 내용이 <u>아닌</u> 것은 무엇인가요? [✎]

① 고려청자의 용도
② 금속 활자의 제작
③ 고려청자의 상감 기법
④ 나전 칠기 공예의 의미
⑤ 고려 후기 불화의 제작 목적

07 다음은 고려 시대의 도자기예요. 이에 대해 바르게 설명한 어린이는 누구인지 쓰세요.

노을	비단을 사용해 화려하게 만들어졌어.
수현	옻칠을 한 위에 자개를 오려 붙여 무늬를 냈어.
하은	맑고 투명한 비취색 바탕에 흑백 상감으로 무늬를 표현하였어.

✎ _____

어휘를 익혀요

01 다음 뜻을 나타내는 낱말을 쓰세요.

❶ 숯이나 도자기·기와·벽돌 등을 구워 내는 시설 ☐☐

❷ 조개껍데기를 잘라낸 조각으로 빛깔이 아름다워 가구 등을 장식하는 데 쓰임. ☐☐

❸ 금속이나 도자기 등의 표면에 무늬를 새겨서 그 속에 금, 은 따위를 박아 넣는 공예 기법 ☐☐

02 다음 빈칸에 들어갈 낱말을 오른쪽 상자에서 찾아 쓰세요.

❶ 햇살을 받은 바다가 아름다운 ☐☐☐*으로 빛 났다. *옥처럼 곱고 짙은 초록색

❷ 도공은 도자기에 ☐☐*을 바른 후 가마에 넣어 구 웠다. *도자기를 구울 때 그 겉면에 바르는 약

❸ 사찰에는 ☐☐☐☐*을 염원하는 연등이 달 려 있었다. *죽어서 극락에 다시 태어남.

태	평	유	약
극	균	유	식
락	적	자	다
왕	좌	적	홍
생	비	취	색

03 다음 ㉠~㉢을 모두 포함할 수 있는 낱말로 알맞은 것은 무엇인가요? [✎]

고려에서는 11세기까지 맑고 투명한 비취색의 ㉠ 순청자를 주로 만들었고, 12세기경에는 다양한 무늬를 넣은 ㉡ 상감 청자를 만들었다. 한편, 목제품에 옻칠을 하고 조개껍데기를 오려 붙여 만든 ㉢ 나전 칠기도 많이 만들어졌다.

① 그림 　　② 서적 　　③ 공예품 　　④ 도자기 　　⑤ 인쇄술

실력 확인

01 다음에서 설명하는 나라를 쓰세요.

> 송악의 호족인 왕건이 세운 나라로, 신라와 후백제뿐만 아니라 발해 유민까지 받아들여 민족의 재통합을 이루었다.

✎ _____

02 태조 왕건의 정책으로 알맞지 <u>않은</u> 것은 무엇인가요? [✎]

① 북진 정책 추진　② 기인 제도 실시
③ 노비안검법 추진　④ 사심관 제도 실시

03 다음 중 검색 결과로 알맞은 것은 무엇인가요? [✎]

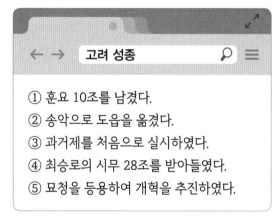

고려 성종

① 훈요 10조를 남겼다.
② 송악으로 도읍을 옮겼다.
③ 과거제를 처음으로 실시하였다.
④ 최승로의 시무 28조를 받아들였다.
⑤ 묘청을 등용하여 개혁을 추진하였다.

04 다음 업적을 남긴 인물은 누구인가요? [✎]

> 거란의 장수 소손녕과 외교 담판을 벌여 강동 6주를 획득하였다.

① 서희　② 양규
③ 강감찬　④ 이자겸

05 (가)에 들어갈 퀴즈의 정답을 쓰세요.

윤관이 여진 정벌을 위해 조직한 고려의 특수 부대는 뭘까?

한국사 스피드 퀴즈

(가)

✎ _____

06 고려의 교류 모습으로 알맞은 것을 보기에서 모두 고른 것은 무엇인가요? [✎]

보기
㉠ 송의 선진 문물을 받아들였다.
㉡ 벽란도에서 각국 상인과 교류하였다.
㉢ 거란의 침입을 물리친 후 거란과는 교류를 끊었다.
㉣ 아라비아 상인과 교류하면서 코리아라는 이름을 서방 세계에 알렸다.

① ㉠, ㉡　② ㉠, ㉡, ㉣
③ ㉡, ㉢, ㉣　④ ㉠, ㉡, ㉢, ㉣

07 고려 문벌의 특징으로 알맞지 <u>않은</u> 것은 무엇인가요? [✎]

① 음서의 혜택을 누렸다.
② 세습이 가능한 공음전을 받았다.
③ 고리대로 재산을 늘리기도 하였다.
④ 왕실이나 비슷한 가문과 혼인 관계를 맺었다.
⑤ 홍건적과 왜구를 물리치는 과정에서 성장하였다.

08 ㉠, ㉡에 들어갈 내용을 알맞게 연결한 것은 무엇인가요? [✎   ]

> 고려 인종 때 승려 (㉠   )을 중심으로 한 서경 세력은 (㉡   )을/를 사상적 근거로 하여 서경으로 천도할 것을 주장하였다.

	㉠	㉡
①	묘청	유교
②	묘청	풍수지리설
③	김부식	유교
④	김부식	풍수지리설

09 교정도감에 대해 바르게 말한 어린이는 누구인가요? [✎   ]

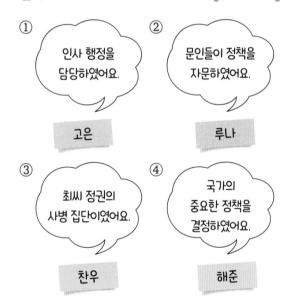

① 인사 행정을 담당하였어요. 고은

② 문인들이 정책을 자문하였어요. 루나

③ 최씨 정권의 사병 집단이었어요. 찬우

④ 국가의 중요한 정책을 결정하였어요. 해준

10 만적의 난에 대한 설명으로 알맞은 것은 무엇인가요? [✎   ]

① 공주 명학소에서 일어났다.
② 농민들이 일으킨 봉기이다.
③ 신분 해방을 목적으로 하였다.
④ 경주 세력과 합세하여 정부에 저항하였다.
⑤ 무신들이 문신과의 차별에 불만을 품고 일으켰다.

11 다음 밑줄 친 '이곳'은 어디인지 쓰세요.

> 몽골이 1차 침입 이후에도 계속해서 무리한 요구를 해 오자 고려의 최씨 정권은 도읍을 <u>이곳</u>으로 옮겨 몽골에 맞서 싸우려고 하였다.

✎ _____

12 다음 보기에서 몽골의 고려 침입 당시 불탄 문화재를 모두 골라 기호를 쓰세요.

> **보기**
> ㉠ 『삼국사기』   ㉡ 초조대장경
> ㉢ 팔만대장경   ㉣ 황룡사 9층 목탑

✎ _____

13 다음 특징을 지닌 고려의 세력으로 알맞은 것은 무엇인가요? [✎   ]

> • 원과 친한 성향을 지녔다.
> • 대규모 농장을 가지고 있었다.
> • 국왕과 함께 원에서 생활하며 성장한 인물도 있었다.

① 무신   ② 문벌
③ 권문세족   ④ 신진 사대부

14 공민왕의 개혁으로 알맞지 <u>않은</u> 것은 무엇인가요? [✎   ]

① 정동행성을 없앴다.
② 팔만대장경을 만들었다.
③ 기씨 일족을 제거하였다.
④ 쌍성총관부를 공격하였다.
⑤ 전민변정도감을 설치하였다.

15 다음 두 세력의 공통점으로 알맞은 것은 무엇인가요? [✐　　　]

- 신진 사대부
- 신흥 무인 세력

① 고려 말에 새롭게 등장하였다.
② 서경으로 천도할 것을 주장하였다.
③ 왜구와 홍건적 격퇴에 공을 세웠다.
④ 명에 가서 사신의 역할을 수행하였다.
⑤ 원 간섭기 음서의 방법으로 관직을 차지하였다.

16 고려의 가족 제도에 대한 설명으로 알맞은 것을 보기에서 모두 고른 것은 무엇인가요?
[✐　　　]

보기

㉠ 아버지만 호주가 될 수 있었다.
㉡ 호적에 태어난 순서대로 적었다.
㉢ 딸에게는 재산을 물려주지 않았다.
㉣ 어머니 쪽 조상에 힘입어 외손자가 음서의 혜택을 받을 수 있었다.

① ㉠, ㉢
② ㉡, ㉣
③ ㉠, ㉡, ㉢
④ ㉡, ㉢, ㉣

17 ㉠, ㉡에 들어갈 인물은 누구인지 쓰세요.

인물	주요 활동
(㉠)	고려 중기에 천태종을 창시하여 교종의 입장에서 선종을 합치려 함.
(㉡)	무신 집권기에 수선사를 중심으로 불교 개혁 운동을 펼쳤으며, 선종을 중심으로 교종을 포용함.

✐ ㉠:　　　　㉡:

18 다음 대화의 밑줄 친 '이 문화재'에 해당하는 것은 무엇인가요? [✐　　　]

이 문화재는 몽골의 고려 침입 당시 만들어졌어.

이 문화재는 목판 8만여 장에 불경을 새긴 것으로 유명해.

① 팔만대장경
② 『제왕운기』
③ 『직지심체요절』
④ 무구정광대다라니경

19 『삼국유사』에 대한 설명으로 알맞지 <u>않은</u> 것은 무엇인가요? [✐　　　]

① 승려 일연이 저술하였다.
② 단군의 건국 이야기를 담았다.
③ 유교적 합리주의 사관에 따랐다.
④ 전설, 야사, 설화 등을 수록하였다.
⑤ 삼국의 역사와 함께 불교와 관련된 내용을 기록하였다.

20 다음과 같은 과정으로 만들어진 고려의 예술품으로 알맞은 것은 무엇인가요? [✐　　　]

그릇 모양을 만든 뒤 그릇의 표면에 무늬를 새기고, 거기에 다른 색의 흙을 메웠다. 그 후 유약을 바르고 가마에서 구웠다.

① 불화
② 금속 활자
③ 나전 칠기
④ 상감 청자

정답

정답
QR 코드

완자

공부력 가이드

완자 공부력 시리즈는
앞으로도 계속 출간될 예정입니다.

국어
**맞춤법
바로 쓰기**
1~2학년용
4책

쓰기력

전과목
어휘
1~6학년용
12책

전과목
**한자
어휘**
1~6학년용
12책

영어
파닉스
1~2학년용
2책

영어
영단어
3~6학년용
8책

어휘력

국어
독해
1~6학년용
12책

한국사
독해
인물편
3~6학년용
4책

한국사
독해
시대편
3~6학년용
4책

독해력

수학
계산
1~6학년용
12책

계산력

완자 공부력 시리즈로 공부 근육을 키워요!

매일 성장하는
초등 자기개발서
ⓦ 완자
공부력

학습의 기초가 되는 읽기, 쓰기, 셈하기와 관련된
공부력을 키워야 여러 교과를 터득하기 쉬워집니다.
또한 어휘력과 독해력, 쓰기력, 계산력을 바탕으로 한
'공부력'은 자기주도 학습으로 상당한 단계까지 올라갈 수
있는 밑바탕이 되어 줍니다. 그래서 매일 꾸준한 학습이
가능한 '**완자 공부력 시리즈**'로 공부하면 **자기주도학습**이
가능한 **튼튼한 공부 근육을 키울 수 있을 것이라 확신합니다.**

효과적인 공부력 강화 계획을 세워요!

학년별 공부 계획

내 학년에 맞게 꾸준하게 공부 계획을 세워요!

		1-2학년	3-4학년	5-6학년
기본	독해	국어 독해 1A 1B 2A 2B	국어 독해 3A 3B 4A 4B	국어 독해 5A 5B 6A 6B
	계산	수학 계산 1A 1B 2A 2B	수학 계산 3A 3B 4A 4B	수학 계산 5A 5B 6A 6B
	어휘	전과목 어휘 1A 1B 2A 2B	전과목 어휘 3A 3B 4A 4B	전과목 어휘 5A 5B 6A 6B
		파닉스 1 2	영단어 3A 3B 4A 4B	영단어 5A 5B 6A 6B
확장	어휘	전과목 한자 어휘 1A 1B 2A 2B	전과목 한자 어휘 3A 3B 4A 4B	전과목 한자 어휘 5A 5B 6A 6B
	쓰기	맞춤법 바로 쓰기 1A 1B 2A 2B		
	독해			한국사 독해 인물편 1 2 3 4 한국사 독해 시대편 1 2 3 4

○ 시기별 공부 계획

학기 중에는 **기본**, 방학 중에는 **기본 + 확장**으로 공부 계획을 세워요!

방학 중			
학기 중			
기본			**확장**
독해	계산	어휘	어휘, 쓰기, 독해
국어 독해	수학 계산	전과목 어휘 파닉스(1~2학년) 영단어(3~6학년)	전과목 한자 어휘 맞춤법 바로 쓰기(1~2학년) 한국사 독해(3~6학년)

예시 **초1 학기 중 공부 계획표** 주 5일 하루 3과목 (45분)

월	화	수	목	금
국어 독해	국어 독해	국어 독해	국어 독해	국어 독해
수학 계산	수학 계산	수학 계산	수학 계산	수학 계산
전과목 어휘	파닉스	전과목 어휘	전과목 어휘	파닉스

예시 **초4 방학 중 공부 계획표** 주 5일 하루 4과목 (60분)

월	화	수	목	금
국어 독해	국어 독해	국어 독해	국어 독해	국어 독해
수학 계산	수학 계산	수학 계산	수학 계산	수학 계산
전과목 어휘	영단어	전과목 어휘	전과목 어휘	영단어
한국사 독해 인물편	전과목 한자 어휘	한국사 독해 인물편	전과목 한자 어휘	한국사 독해 인물편

후삼국을 통일한 고려

글을 읽으면서 중요하다고 생각하는 낱말에 색칠해 보세요.

가 송악(개성)의 호족인 왕건은 궁예의 신하가 되어 후고구려의 건국을 도왔어요. 또한 후백제와의 전투에 참여해 금성(나주)을 차지하는 등 뛰어난 공을 세웠지요. 이러한 공을 인정받아 왕건은 태봉(후고구려의 바뀐 이름)의 최고 관직인 시중의 지위에까지 올랐어요.

나 한편, 궁예는 호족들을 억누르고 자신에게 반대하는 사람을 죽이는 등 난폭한 정치를 펼쳐 °민심을 잃었어요. 스스로를 백성을 구하는 미래의 부처인 미륵불이라 칭하기도 하였지요. 이러한 궁예의 횡포를 견디다 못한 신하들은 궁예를 내쫓고 왕건을 왕으로 °추대하였어요. 918년 왕이 된 왕건은 고구려를 이어받는다는 뜻에서 나라 이름을 고려로 바꾸고, 이듬해에는 수도를 철원에서 송악으로 옮겼어요.

다 고려는 신라 왕실을 °우대하는 정책을 펼친 반면 후백제와는 세력을 넓히기 위해 대립하였어요. 고려는 고창 전투에서 후백제에 승리를 거두면서 후백제를 앞서 나가기 시작하였어요. 이러한 상황에서 후백제에서는 견훤의 아들들 사이에서 °왕위 계승을 둘러싸고 °내분이 일어났어요. 견훤이 넷째 아들에게 왕위를 물려주려 하자 큰아들이 이에 반대해 견훤을 왕의 자리에서 몰아내고 금산사에 가둔 것이지요. 금산사를 간신히 빠져나온 견훤은 고려로 넘어와 보호를 요청하였어요. 힘이 약해진 신라 경순왕도 나라를 더 이상 유지하기 어렵다고 여겨 스스로 고려에 항복하였어요. 이후 936년에 고려는 후백제와 전투를 벌여 후백제를 멸망시키고 후삼국을 통일하게 되었답니다.

라 고려의 후삼국 통일은 다른 나라의 힘을 빌리지 않고 통일을 이루었다는 점에서 의의가 있어요. 또한 후백제와 신라를 통합한 것뿐만 아니라 고구려를 계승한 발해 유민까지 °수용하여 민족의 °재통합을 이루었답니다. 이로써 고려는 새로운 민족 문화를 발달시킬 수 있는 °토대를 마련하게 된 것이지요.

중심 낱말 찾기

01 각 문단의 중심 낱말을 찾아 쓰세요.

가 문단: 송악의 호족인 **왕 건** 의 활약
나 문단: **고 려** 의 건국
다 문단: 고려의 **후 삼 국** 통일
라 문단: 고려의 후삼국 통일이 가지는 **의 의**

내용 이해

02 이 글의 내용과 일치하는 것은 무엇인가요? [④]

① 왕건이 후백제를 세웠어요. → 견훤이 후백제를 세웠어요.
② 신라가 후삼국을 통일하였어요. → 고려가 후삼국을 통일했어요.
③ 왕건이 후백제의 건국을 도왔어요. → 왕건은 후고구려의 건국을 도왔어요.
④ 궁예를 몰아낸 왕건이 고려를 세웠어요.
⑤ 고려는 신라 왕실과 무력으로 대립하였다. → 고려는 신라 왕실을 우대했어요.

내용 이해

03 후삼국 통일 과정에서 있었던 일을 순서에 맞게 번호를 쓰세요.

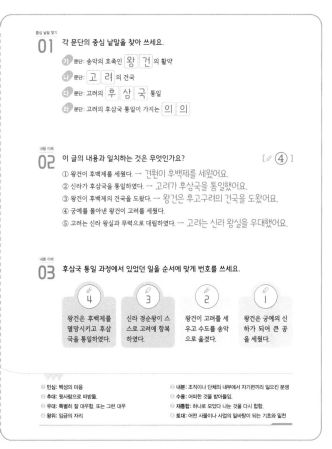

4	3	2	1
왕건은 후백제를 멸망시키고 후삼국을 통일하였다.	신라 경순왕이 스스로 고려에 항복하였다.	왕건이 고려를 세우고 수도를 송악으로 옮겼다.	왕건은 궁예의 신하가 되어 큰 공을 세웠다.

ⓜ **민심**: 백성의 마음
ⓜ **추대**: 윗사람으로 떠받듦.
ⓜ **우대**: 특별히 잘 대우함. 또는 그런 대우
ⓜ **왕위**: 임금의 자리
ⓜ **내분**: 조직이나 단체의 내부에서 자기편끼리 일으킨 분쟁
ⓜ **수용**: 어떠한 것을 받아들임.
ⓜ **재통합**: 하나로 모았다 나눈 것을 다시 합함.
ⓜ **토대**: 어떤 사물이나 사업의 밑바탕이 되는 기초와 밑천

내용 이해

04 다음 원인과 결과를 선으로 이으세요.

원인
❶ 후백제에서 왕위 계승을 둘러싸고 내분이 일어났다.
❷ 궁예가 호족들을 억누르고 난폭한 정치를 펼쳤다.
❸ 왕건이 후고구려 건국과 후백제와의 전투에서 큰 공을 세웠다.

결과
㉠ 신하들이 궁예를 몰아내고 왕건을 왕으로 추대하였다.
㉡ 견훤이 큰아들에게 왕위를 빼앗기고 고려로 넘어왔다.
㉢ 왕건이 태봉의 최고 관직인 시중이라는 지위에 올랐다.

내용 이해

05 다음 빈칸을 채워 이 글의 내용을 정리하세요.

왕건이 (❶ **고려**)을/를 건국하고 도읍을 송악으로 옮김.

↓

후백제의 (❷ **견훤**)이/가 왕위를 빼앗기고 고려로 넘어옴. + 신라 경순왕이 나라를 유지할 수 없을 것이라 여겨 스스로 고려에 항복함.

↓

고려가 후백제를 멸망시키고 후삼국을 통일하였으며, (❸ **발해**)의 유민을 수용함.

내용 추론

06 고려의 후삼국 통일의 의의를 바르게 말한 어린이는 누구이며, 그 근거는 무엇인지 쓰세요.

선미: 유교가 크게 진흥하는 데 기여하였어.
민영: 지방 호족 세력이 모두 몰락하여 왕권이 강화되었어.
재윤: 민족이 재통합되어 새로운 민족 문화가 발달할 수 있는 토대를 마련하였어.

• 어린이: **재윤**
• 근거: **후백제와 신라를 통합한 것뿐만 아니라 고구려를 계승한 발해 유민까지 수용하였기 때문이다.**

---

01 다음 낱말의 뜻을 찾아 선으로 이으세요.

❶ 내분 — ㉠ 임금의 자리
❷ 수용 — ㉡ 어떠한 것을 받아들임.
❸ 왕위 — ㉢ 조직이나 단체의 내부에서 자기편끼리 일으킨 분쟁

02 다음 문장의 빈칸에 들어갈 낱말을 **보기**에서 찾아 쓰세요.

보기
계승   민심   토대   추대

❶ 정치인들은 (**민심**)을/를 얻으려고 노력하였다.
❷ 능력이 있는 인물을 회장으로 (**추대**)하기로 의견을 모았다.
❸ 이 역사책은 역사가의 경험을 (**토대**)(으)로 작성한 것이다.
❹ 신라 말 귀족 간에 왕위 (**계승**)을/를 둘러싼 다툼이 벌어졌다.

03 다음 글에서 밑줄 친 낱말과 바꾸어 쓸 수 있는 낱말은 무엇인가요? [②]

그 회사의 채용 공고에는 성별이나 학벌보다는 업무 경력이 많은 사람과 관련 자격증을 많이 보유한 사람을 <u>우선시</u>한다는 내용이 나와 있다.

① 멸시   ② 우대   ③ 천대   ④ 촉진   ⑤ 하대

02 태조 왕건의 정책

글을 읽으면서 중요하다고 생각하는 낱말에 색칠해 보세요.

가 태조 왕건은 고려를 세운 직후부터 고려가 고구려를 이어받은 나라임을 분명히 하였어요. 발해 역시 고구려를 이어받은 나라였기 때문에 발해를 멸망시킨 거란을 멀리하고 ¹국교를 끊었어요. 태조는 고구려의 옛 땅을 되찾기 위해 북으로 나아가는 북진 정책을 펼쳐 고구려의 수도였던 서경(평양)에 새로 성을 쌓고 북진 정책의 ²기지로 삼았답니다. 그 결과 태조 말에는 고려의 영토가 청천강에서 영흥만에 이르는 지역까지 넓어졌어요.

나 태조는 민생 안정을 위해 힘썼어요. 세금을 지나치게 거두지 못하게 하여 백성의 생활을 안정시키고, 가난한 사람이 굶주리지 않도록 곡식을 빌려주는 기관을 운영하였어요.

다 태조는 정치를 안정시키기 위해 호족을 존중하는 정책을 펼쳤어요. ㉠ 태조는 세력이 큰 호족들에게 왕씨 성, 관직, 토지 등을 내려 주고 호족의 딸들과 결혼하였어요. 이로 인해 태조의 부인은 무려 스물아홉 명이나 되었답니다. 결혼 정책으로 인해 태조가 죽은 후 자식들 간에 왕위 다툼이 일어났어요. 한편, 태조는 지방 통치를 보완하고 호족을 ³견제하기 위해 사심관 제도와 기인 제도를 실시하였어요. 사심관 제도는 호족을 사심관으로 삼아 그들의 출신 지역을 다스리게 하는 제도이고, 기인 제도는 호족의 자제를 수도에 머물게 하여 ⁴볼모로 삼는 제도예요.

라 태조는 백성의 마음을 하나로 모으기 위해 불교를 ⁵장려하는 정책을 펼쳤어요. 이에 따라 불교 행사를 성대하게 열고, 지방 곳곳에 절을 많이 지었어요.

마 태조는 자신의 정치 이념과 사상을 훈요 10조로 정리하여 후대 왕들이 지킬 것을 당부하였어요. 훈요 10조에는 불교를 장려하면서도 유교와 풍수지리설 등 다양한 사상을 존중하며, 중국 문화를 고려의 입장에서 ⁶주체적으로 수용할 것 등의 내용이 담겨 있어요.

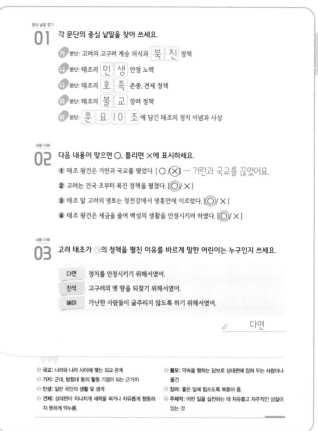

중심 낱말 찾기

01 각 문단의 중심 낱말을 찾아 쓰세요.

가 문단: 고려의 고구려 계승 의식과 [북][진] 정책
나 문단: 태조의 [민][생] 안정 노력
다 문단: 태조의 [호][족] 존중, 견제 정책
라 문단: 태조의 [불][교] 장려 정책
마 문단: [훈][요][10][조]에 담긴 태조의 정치 이념과 사상

내용 이해

02 다음 내용이 맞으면 ○, 틀리면 ×에 표시하세요.

① 태조 왕건은 거란과 국교를 맺었다. [○ / ⊗] → 거란과 국교를 끊었어요.
② 고려는 건국 초부터 북진 정책을 펼쳤다. [○ / ×]
③ 태조 말 고려의 영토는 청천강에서 영흥만에 이르렀다. [○ / ×]
④ 태조 왕건은 세금을 줄여 백성의 생활을 안정시키려 하였다. [○ / ×]

내용 이해

03 고려 태조가 ㉠의 정책을 펼친 이유를 바르게 말한 어린이는 누구인지 쓰세요.

다연 정치를 안정시키기 위해서였어.
진석 고구려의 옛 땅을 되찾기 위해서였어.
혜미 가난한 사람들이 굶주리지 않도록 하기 위해서였어.

✏ 다연

① **국교:** 나라와 나라 사이에 맺는 외교 관계
② **기지:** 군대, 탐험대 등의 활동 기점이 되는 근거지
③ **민생:** 일반 국민의 생활 및 생계
④ **견제:** 상대편이 지나치게 세력을 펴거나 자유롭게 행동하지 못하게 억누름.
⑤ **볼모:** 약속을 행하는 담보로 상대편에 잡혀 두는 사람이나 물건
⑥ **장려:** 좋은 일에 힘쓰도록 북돋아 줌.
⑦ **주체적:** 어떤 일을 실천하는 데 자유롭고 자주적인 성질이 있는 것

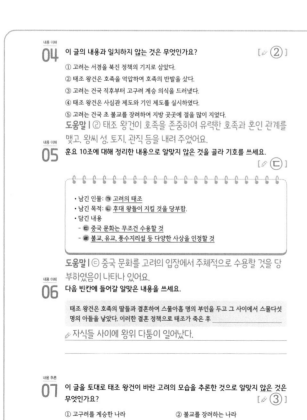

내용 이해

04 이 글의 내용과 일치하지 않는 것은 무엇인가요? [✏ ②]

① 고려는 서경을 북진 정책의 기지로 삼았다.
② 태조 왕건은 호족을 억압하여 호족의 반발을 샀다.
③ 고려는 건국 직후부터 고구려 계승 의식을 드러냈다.
④ 태조 왕건은 사심관 제도와 기인 제도를 실시하였다.
⑤ 고려는 건국 초 불교를 장려하여 지방 곳곳에 절을 많이 지었다.

도움말 | ② 태조 왕건이 호족을 존중하여 유력한 호족과 혼인 관계를 맺고, 왕씨 성. 토지, 관직 등을 내려 주었어요.

내용 이해

05 훈요 10조에 대해 정리한 내용으로 알맞지 않은 것을 골라 기호를 쓰세요. [✏ ㉢]

• 남긴 인물: ㉠ 고려의 태조
• 남긴 목적: ㉡ 후대 왕들이 지킬 것을 당부함.
• 담긴 내용
 - ㉢ 중국 문화는 무조건 수용할 것
 - ㉣ 불교, 유교, 풍수지리설 등 다양한 사상을 인정할 것

도움말 | ㉢ 중국 문화를 고려의 입장에서 주체적으로 수용할 것을 당부하였음이 나타나 있어요.

내용 이해

06 다음 빈칸에 들어갈 알맞은 내용을 쓰세요.

태조 왕건은 호족의 딸들과 결혼하여 스물아홉 명의 부인을 두고 그 사이에서 스물다섯 명의 아들을 낳았다. 이러한 결혼 정책으로 태조가 죽은 후

✏ 자식들 사이에 왕위 다툼이 일어났다.

내용 추론

07 이 글을 토대로 태조 왕건이 바란 고려의 모습을 추론한 것으로 알맞지 않은 것은 무엇인가요? [✏ ③]

① 고구려를 계승한 나라
② 불교를 장려하는 나라
③ 호족이 통치하는 나라
④ 백성의 생활이 안정된 나라
⑤ 중국 문화를 주체적으로 수용하는 나라

---

01 다음 뜻을 나타내는 낱말에 ○표 하세요.

① 일반 국민의 생활 및 생계 [민간 / 민생]
② 나라와 나라 사이에 맺는 외교 관계 [교섭 / 국교]
③ 군대, 탐험대 따위의 활동의 기점이 되는 근거지 [기지 / 토대]
④ 약속을 행하는 담보로 상대편에 잡혀 두는 사람이나 물건 [노예 / 볼모]

02 다음 빈칸에 들어갈 낱말을 찾아 선으로 이으세요.

① 견제 — ㉠ 고구려에서는 귀족들이 제가 회의를 개최하여 왕의 권력을 (견제)하였다.
② 북진 — ㉡ 국민 한 사람 한 사람이 정치의 주인이라는 (주체적) 시민 의식을 가져야 한다.
③ 주체적 — ㉢ 국군과 유엔군은 서울을 되찾은 뒤 38도선을 향하여 (북진)하였다.

03 다음 뜻을 나타내는 낱말이 들어갈 문장으로 알맞은 것은 무엇인가요? [✏ ①]

[장][려] : 좋은 일에 힘쓰도록 북돋아 줌.

① 어릴 때부터 저축하는 습관을 갖도록 [장][려]한다.
② 발해는 스스로 고구려를 [계][승]하였음을 드러냈다.
③ 삼국은 서양의 여러 나라와도 활발하게 [교][류]하였다.
④ 귀족의 세력이 강해지지 않도록 억눌러 [견][제]하였다.
⑤ 나라를 다스리는 통치자들은 [민][생]을 안정하려 노력하였다.

03 왕권의 안정과 체제 정비

016쪽 017쪽

글을 읽으면서 중요하다고 생각하는 낱말에 색칠해 보세요.

㉮ 고려에서는 태조가 죽은 뒤 왕실의 ⁰외척이 된 호족들이 자신과 ⁰혈연관계에 있는 왕자를 왕위에 올리려 하였어요. 이로 인해 왕위 계승을 둘러싼 갈등이 심하였어요. 왕위 계승 다툼이 계속되면서 태조의 뒤를 이어 왕위에 오른 혜종과 정종 대에는 왕권이 몹시 불안정하였답니다.

㉯ 이러한 상황에서 광종이 왕으로 즉위하였어요. 광종은 호족 세력을 약화시키고 왕권을 강화하기 위해 적극적으로 노력하였어요. 우선, 노비안검법을 실시하여 원래 노비가 아니었으나 전쟁에서 포로로 잡혔거나 지방 호족에 의해 강제로 노비가 된 자를 양인으로 해방하였어요. 호족들은 노비에게 땅을 일구도록 해 재산을 늘리고, 노비를 자신의 군사로 이용할 수도 있었어요. 노비안검법을 실시해 많은 노비를 양인으로 되돌린다면 호족의 경제적, 군사적 기반을 약화시킬 수 있게 되는 것이었지요. 또한 광종은 과거제를 실시하여 유교적 학식과 능력을 갖춘 인재를 선발하였어요. 과거제를 통해 인재를 ⁰등용하면 국왕에게 충성하는 관리로 삼을 수 있기 때문에 왕권을 강화하는 데 도움이 되었어요. 한편, 광종은 자신의 개혁 정책에 불만을 가진 ⁰공신과 호족을 대대적으로 숙청하였어요. 그리고 스스로를 황제라 칭하고 독자적인 ⁰연호를 사용하여 국가의 ⁰위상을 높이도록 하였어요.

㉰ 성종은 강화된 왕권을 바탕으로 국왕과 신하가 조화를 이루는 정치를 이루려 하였으며, 통치 제도를 정비하였어요. 당시 고려의 재상이었던 최승로는 성종에게 나랏일과 관련해 자신의 의견을 담은 시무 28조를 건의하였어요. 성종은 이 건의를 받아들여 유교 정치사상을 통치의 근본이념으로 삼았어요. 각지에 ⁰지방관을 파견하고 중앙 ⁰관제를 마련하는 등 여러 제도를 정비하였답니다. 또한 불교 행사와 토착 신앙 행사가 빈번하게 열리는 것을 억제하여 국가 재정 낭비를 줄이는 데에도 힘을 기울였어요.

중심 낱말 찾기

01 다음에서 설명하는 법을 이 글에서 찾아 쓰세요.

> 고려 광종 때 실시한 법으로, 원래 노비가 아니었으나 전쟁에서 포로로 잡혔거나 지방 호족에 의해 강제로 노비가 된 자를 양인으로 해방하였다.

✎ 노비안검법

내용 이해

02 다음 내용이 맞으면 ○, 틀리면 ×에 표시하세요.

① 고려 광종은 스스로를 황제라 칭하였다. [○/ ×]
② 고려에서는 태조 때 과거제를 실시하였다. [○ / ⊗ → 광종 때 실시하였어요.]
③ 고려에서는 태조가 죽은 뒤 혜종과 정종 대에 왕권이 몹시 불안정하였다. [○/ ×]

내용 이해

03 광종의 정책으로 알맞은 것에 ○표 하세요.

과거제 실시 ○	지방관 파견 ☐
중국의 연호 사용 ☐	
노비안검법 실시 ○	공신과 호족 숙청 ○

---

❶ 외척: 어머니 쪽의 친척
❷ 혈연: 같은 핏줄에 의하여 연결된 인연
❸ 등용: 인재를 뽑아 씀
❹ 공신: 나라를 위하여 특별한 공을 세운 신하
❺ 연호: 임금이 즉위한 해에 붙이던 칭호
❻ 위상: 어떤 사물이 다른 사물과의 관계 속에서 가지는 위치나 상태
❼ 지방관: 각 지방에 머물면서 일반 행정 사무를 맡아보는 관리
❽ 관제: 국가의 행정 조직 및 권한을 정하는 법규

018쪽 019쪽

내용 이해

04 다음 정책과 그 정책을 실시한 목적을 선으로 이으세요.

정책		실시 목적
① 과거제	✕	㉮ 호족의 경제적, 군사적 기반을 약화하려 하였다.
② 노비안검법		㉯ 유교적 학식과 능력을 갖춘 인재를 선발하려 하였다.

내용 이해

05 이 글의 내용과 일치하도록 다음 빈칸에 들어갈 알맞은 말을 쓰세요.

> 태조가 죽은 뒤 왕위 다툼으로 왕권이 불안정해짐.
> ↓
> (① 광종)은 노비안검법과 과거제를 실시하는 등 왕권 강화를 위해 노력함.
> ↓
> 성종은 유교를 통치의 근본이념으로 삼고 (② 지방관) 파견 등 제도를 정비함.

내용 추론

06 이 글을 읽은 학생이 다음 자료를 남긴 인물에 대해 말한 내용으로 알맞은 것을 보기에서 모두 골라 기호를 쓰세요.

> 제7조 임금께서 백성의 집집마다 가서 날마다 돌볼 수는 없습니다. 수령을 파견하여 백성을 돌보게 하십시오.
> 제20조 불교를 믿는 것은 자신을 수양하는 근본이며, 유교를 행하는 것은 나라를 다스리는 근원입니다. - 시무 28조

보기
㉠ 불교 행사를 줄이고자 하였어.
㉡ 호족의 지방 통치를 주장하였어.
㉢ 거란의 사상과 제도를 받아들이고자 하였어.
㉣ 유교를 통치의 근본이념으로 삼고자 하였어.

✎ ㉠ , ㉣

도움말 | ㉰문단에서 성종이 최승로가 건의한 시무 28조를 받아들여 유교 정치사상을 통치 이념으로 삼았음을 알 수 있어요.

---

01 다음 낱말의 뜻을 찾아 선으로 이으세요

① 관제	✕	㉠ 임금이 즉위한 해에 붙이던 칭호
② 연호		㉡ 국가의 행정 조직 및 권한을 정하는 법규
③ 위상		㉢ 어떤 사물이 다른 사물과의 관계 속에서 가지는 위치나 상태

02 다음 대화의 ㉠~㉢에 들어갈 낱말을 보기에서 찾아 쓰세요.

보기
공신 등용 숙청

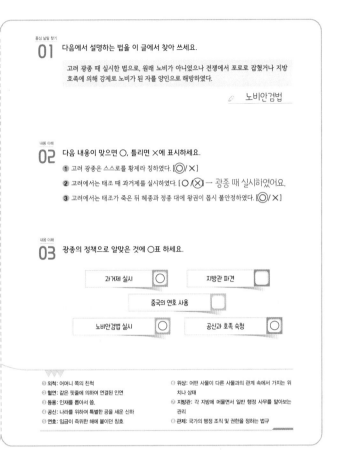

옛날에는 나라에서 인재를 어떻게 (㉠)했어요?

시험을 치러 뽑기도 했고 나라에 공을 세운 (㉡)의 자손에게 혜택을 주기도 했어.

그러면 (㉡)의 힘이 너무 강해지는 거 아니에요?

그래서 때로는 왕들이 반대파를 없애는 (㉢)을 통해 왕권을 강화하기도 했단다.

✎ ㉠: 등용 ㉡: 공신 ㉢: 숙청

03 다음 밑줄 친 말들을 모두 포함할 수 있는 낱말로 알맞은 것은 무엇인가요? [✎ ③]

> 왕이 어린 나이에 즉위하자 왕의 어머니가 왕을 대신해 나랏일을 돌보았다. 이로 인해 왕의 외조부, 외삼촌, 외사촌이 막강한 권력을 갖고 정치에 영향력을 행사하였다.

① 본가 ② 부계 ③ 외척 ④ 직계 ⑤ 친가

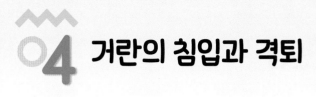

04 거란의 침입과 격퇴

글을 읽으면서 중요하다고 생각하는 낱말에 색칠해 보세요.

가 당이 멸망한 후 동아시아에서는 세력을 키운 거란이 나라를 세웠고, 송이 중국을 다시 통일하였어요. 고려는 거란이 세력을 넓히고 발해를 멸망시키자 거란을 멀리하는 한편 송과는 °우호적으로 지냈어요. 송과 거란이 대립하는 가운데 고려는 송과 교류하며 중국의 문물을 수용하였지요.

나 거란은 송을 공격하기에 앞서 고려와 송의 관계를 끊기 위해 고려에 침입하였어요. 거란과의 첫 전투에서 패하자 고려 내에서는 불안감이 높아졌어요. 왕과 °대응 방안을 논의하는 자리에서 일부 신하는 거란에 항복해야 한다고 주장하였으나 서희는 이에 반대하였어요. 서희는 거란이 고려를 정복하기 위한 것이 아니라 고려와 송의 관계를 끊기 위해 침입하였다는 것을 눈치챘어요. 그래서 적의 °진영으로 가서 거란의 장수 소손녕과 외교 °담판을 벌였어요. 서희는 고려가 송과의 관계를 끊고 거란과 교류할 것을 약속하였어요. 그 대신 고려는 압록강 동쪽의 °요충지인 강동 6주를 차지하게 되었답니다.

다 거란은 고려와 송이 계속 친하게 지내자 이를 문제 삼아 다시 고려를 침입하였어요. 거란의 2차 침입으로 고려는 한때 개경(개성)을 빼앗기기도 하였어요. 그러나 양규 등이 돌아가는 거란군을 끈질기게 공격해 큰 피해를 주었어요.

라 거란은 2차 침입 이후 고려에 강동 6주를 돌려 달라고 요구하였어요. 그러나 고려는 이를 거절하고 고려의 왕이 거란 황제를 만나러 간다는 약속도 지키지 않았어요. 그러자 거란은 고려에 3차 침입을 하였어요. 고려는 거란의 침입에 대비해 °물자를 준비하고 군사를 훈련하였어요. 거란은 10만 대군을 이끌고 고려를 침략했지만 고려군에 패하였고, 개경(개성)을 함락하지도 못했어요. 이에 거란은 철수를 결정하였지요. 1019년 강감찬을 비롯한 고려군은 돌아가는 거란군을 귀주에서 크게 물리쳤는데, 이를 귀주 °대첩이라고 해요.

중심 낱말 찾기

01 각 문단의 중심 낱말을 찾아 쓰세요.

가 문단: 거란의 성장과 [송] 의 중국 통일
나 문단: 거란의 1차 침입과 [서][희] 의 담판
다 문단: 거란의 2차 침입과 [양][규] 의 활약
라 문단: 거란의 3차 침입과 강감찬의 [귀][주][대][첩]

내용 이해

02 이 글의 내용과 일치하도록 괄호 안의 낱말 중 알맞은 것에 ○표 하세요.

① 고려는 거란을 경계하는 한편 [당/(송)]과 우호적으로 지냈다.
② 고려의 [(강감찬)/을지문덕]은 귀주에서 거란군을 크게 물리쳤다.
③ 거란의 1차 침입 때 고려는 외교 담판을 벌여 [강화도/(강동 6주)]를 차지하였다.
④ 고려의 [(서희)/최승로]는 소손녕에게 송과의 관계를 끊고 거란과 교류할 것을 약속하였다.

내용 이해

03 이 글의 내용과 일치하지 <u>않는</u> 것은 무엇인가요? [✏①]

① 거란은 고려를 정복하였다.
② 고려의 서희가 거란의 소손녕과 담판을 벌였다.
③ 거란의 2차 침입 때 고려의 양규가 활약하였다.
④ 거란은 고려에 강동 6주를 돌려줄 것을 요구하였다.
⑤ 거란의 3차 침입 때 강감찬이 귀주에서 거란군에 승리하였다.

도움말 | ① 고려는 3차에 걸친 거란의 침입을 막아내었어요.

---

❶ **우호적:** 개인끼리나 나라끼리 서로 사이가 좋음.
❷ **대응:** 어떤 일이나 사태에 맞추어 태도나 행동을 취함.
❸ **진영:** 군대가 진을 치고 있는 곳
❹ **담판:** 서로 맞선 관계에 있는 둘이 의논하여 옳고 그름을 판단함.
❺ **요충지:** 땅의 생긴 모양이나 형세가 군사적으로 아주 중요한 곳
❻ **물자:** 어떤 활동을 하는 데 필요한 여러 가지 물건이나 자료
❼ **대첩:** 크게 이김. 또는 큰 승리

020쪽 021쪽

내용 이해

04 다음 내용과 관련이 있는 문단의 기호를 쓰세요.

거란이 대군을 이끌고 고려를 침략하였다. 거란군은 계속 개경을 향해 진격하였으나 병력 손실이 커지자 철수를 결정하였고, 고려군은 거란군이 귀주에 도착하였을 때 총공격하였다.

[✏ **라** 문단]

도움말 | 제시된 글은 거란의 3차 침입과 강감찬이 귀주에서 거란군을 크게 물리친 귀주 대첩에 대해 설명하고 있어요.

내용 이해

05 (가)에 들어갈 내용으로 알맞은 것은 무엇인가요? [✏④]

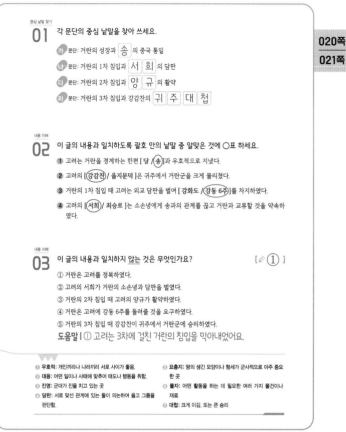

① 살수 대첩
② 기벌포 싸움
③ 매소성 싸움
④ 서희의 담판
⑤ 거란의 발해 멸망

도움말 | 거란의 1차 침입 때 서희는 거란 장수 소손녕과 담판을 벌여 압록강 동쪽의 강동 6주를 고려 영토로 인정받았어요.

내용 추론

06 거란의 소손녕이 고려의 서희에게 다음과 같이 주장한 의도로 알맞은 것은 무엇인가요? [✏④]

그대 나라가 신라 땅에서 일어났고, 고구려 땅은 거란의 소유인데 고려가 차지하였고, 또 우리와 국경을 접하였는데도 바다 넘어 송을 섬기므로 이번에 정벌하게 된 것이다.

① 발해를 부흥시키기 위해
② 강동 6주를 차지하기 위해
③ 금과 우호 관계를 맺기 위해
④ 고려와 송의 관계를 끊기 위해
⑤ 여진 정벌에 앞서 고려를 압박하기 위해

---

01 다음 낱말의 뜻을 찾아 선으로 이으세요.

① 담판 —————— ㉠ 군대가 진을 치고 있는 곳
② 진영 —————— ㉡ 땅의 생긴 모양이나 형세가 군사적으로 아주 중요한 곳
③ 요충지 ———— ㉢ 서로 맞선 관계에 있는 둘이 의논하여 옳고 그름을 판단함.

02 신문 기사의 ㉠, ㉡에 들어갈 낱말을 알맞게 짝지은 것은 무엇인가요? [✏③]

한국사 신문
20○○.○○.○○.

외교 장관 간 회담이 개최되다

우리나라와 ○○의 외교 장관은 이번 회담에서 양국이 (㉠)인 관계를 맺어 서로 협력하기로 합의하였다. 이 회담을 계기로 양국 간 교류가 더욱 활발해질 것으로 보이며, 육로와 해로를 통한 (㉡)의 이동도 크게 늘어날 것으로 보인다.

	㉠	㉡		㉠	㉡
①	대립적	물자	②	대립적	원조
③	우호적	물자	④	우호적	원조
⑤	적대적	물자			

03 다음 글에서 밑줄 친 낱말과 바꾸어 쓸 수 있는 낱말은 무엇인가요? [✏①]

발해는 선왕 때 전성기를 이루었으나 10세기경 동아시아의 국제 정세 변화에 적절히 <u>대처</u>하지 못하였다. 이로 인해 점차 나라의 힘이 약해졌고, 결국 거란에게 멸망하였다.

① 대응
② 대조
③ 도발
④ 소통
⑤ 조화

022쪽 023쪽

5 여진의 침입과 별무반의 편성

024쪽 / 025쪽

글을 읽으면서 중요하다고 생각하는 낱말에 색칠해 보세요.

㉮ 고려의 동북방 지역에서는 여진이 부족 단위로 흩어져 살고 있었고 고려는 여진과 큰 문제없이 지내고 있었어요. 고려는 여진의 지배자에게 관직을 주기도 하고, 고려 백성이 된 여진 사람들에게 집과 땅을 주기도 하는 등 여진을 ⁰회유하였어요. 여진도 고려에 말이나 가죽 같은 ⁰토산물을 바치며 고려를 부모의 나라로 섬겼지요. 그러던 여진이 12세기에 이르러 부족 중 하나인 완옌부를 중심으로 통합하면서 세력이 강해졌어요. 여진은 고려의 국경을 자주 침략하였고 ⁰기병이 강하였던 여진 군사에게 ⁰보병 중심의 고려군은 번번이 패하였어요. 이로 인해 국경 지역에 살던 고려 사람들이 고통을 받았어요.

㉯ 숙종 때 윤관은 여진과의 전투에서 패배하였던 경험을 토대로 여진 정벌을 위해 별무반을 조직하였어요. 별무반은 기병을 중심으로 보병, 승병으로 이루어진 특수 부대였어요. 예종 때 윤관은 별무반을 이끌고 여진을 정벌하여 승리를 거두었어요. 그리고 여진을 몰아낸 뒤 동북 지방에 9개의 성을 쌓고 고려의 영토로 삼아 고려 백성이 살도록 하였어요. 이 지역을 일컬어 동북 9성이라고 해요. 여진은 이 지역을 돌려달라고 요구하며 끊임없이 쳐들어왔어요. 고려는 동북 9성을 계속 ⁰방어하는 데 어려움을 겪게 되자 결국 동북 9성에 머물던 군사와 백성을 돌려보내고 이 지역을 여진에게 돌려주었어요.

㉰ 이후 여진은 세력을 키워 금을 세우고 고려에 형제 관계를 맺을 것을 제의하였어요. 금은 더욱 강성해져 거란(요)을 멸망시키고 송을 남쪽으로 밀어내 중국의 화북 지방을 차지하였어요. 금은 고려에 신하의 나라가 되어 ⁰사대할 것을 요구하였어요. 고려 ⁰조정에서는 이에 반대하는 의견이 많았어요. 그러나 당시 집권 세력이 금의 요구를 받아들이면서 금에 사대하였고 태조 때부터 이어오던 고려의 북진 정책도 사실상 끊어지게 되었어요.

중심 낱말 찾기

01 각 문단의 중심 낱말을 찾아 쓰세요.

㉮ 문단: 고려와 **여진** 의 관계

㉯ 문단: 윤관이 이끈 **별무반** 의 여진 정벌

㉰ 문단: **금** 의 사대 요구 수용

내용 이해

02 다음 밑줄 친 부분에 들어갈 내용을 ㉮ 문단에서 찾아 쓰세요.

고려의 동북방 지역에서 부족 단위로 흩어져 살고 있던 여진은 고려를 부모의 나라로 섬겼으나 12세기에 이르러 부족 중 하나인 완옌부를 중심으로 통합하면서 _____

✎ 고려의 국경을 자주 침략하였다.

내용 이해

03 이 글을 읽고 별무반에 대해 잘못 말한 어린이는 누구인지 쓰세요.

고려의 일반 부대였어. — 다연

기병 중심의 부대였어. — 진석

윤관이 여진을 정벌하기 위해 조직하였어. — 헤미

✎ 다연

도움말 | 별무반은 여진 정벌을 위해 조직된 특수 부대예요.

❶ 회유: 어루만지고 잘 달래어 시키는 말을 듣도록 함.
❷ 토산물: 그 지방에서 특유하게 나는 물건
❸ 기병: 말을 타고 싸우는 병사
❹ 보병: 걸어서 행군하는 병사로, 육군의 주력을 이룸.
❺ 방어: 상대편의 공격을 막음.
❻ 사대: 약자가 강자를 섬김.
❼ 조정: 임금이 나라의 정치를 신하들과 의논하거나 집행하는 곳. 또는 그런 기구

026쪽 / 027쪽

내용 이해

04 고려가 여진에 동북 9성을 돌려준 이유로 알맞은 것은 무엇인가요? [②]

① 여진이 금을 세웠기 때문에
② 여진의 요청과 방어의 어려움 때문에
③ 여진이 거란(요)을 멸망시켰기 때문에
④ 고려의 윤관이 별무반을 조직하였기 때문에
⑤ 여진과의 싸움에서 고려군이 패하였기 때문에

도움말 | 고려가 동북 9성을 쌓은 뒤 여진이 이 땅을 돌려줄 것을 요구하며 계속 쳐들어 왔어요.

내용 이해

05 이 글의 내용과 일치하도록 다음 빈칸에 들어갈 알맞은 말을 쓰세요.

고려는 여진의 지배자에게 관직을 주거나 고려 백성이 된 여진 사람들에게 집과 땅을 주기도 함. **+** 여진은 고려에 말, 가죽 등의 토산물을 바치며 고려를 (❶ **부모**)의 나라로 섬김.

↓

12세기 여진이 (❷ **완옌부**)을/를 중심으로 세력이 강해져 고려의 국경을 침략함.

↓

고려 (❸ **윤관**)이/가 별무반을 이끌고 여진을 정벌하여 동북 지방에 9개의 성을 쌓음.

↓

여진이 금을 세운 후 고려에 (❹ **사대**)할 것을 요구함.

내용 추론

06 다음 사건의 원인이 된 국제 관계의 변화로 알맞은 것은 무엇인가요? [⑤]

금이 고려에 사대할 것을 요구하자 고려의 집권 세력이 금의 요구를 받아들였다.

① 송이 중국을 통일하였다.
② 거란이 발해를 멸망시켰다.
③ 고려가 거란의 침입을 물리쳤다.
④ 별무반이 여진을 몰아내고 동북 9성을 쌓았다.
⑤ 금의 세력이 강해져 거란을 멸망시키고 송을 몰아냈다.

도움말 | ㉰에 금이 강성해져 거란을 멸망시키고 송을 몰아낸 뒤 고려에 사대 관계를 요구하였음이 설명되어 있어요.

---

01 다음 뜻을 나타내는 낱말을 쓰세요.

❶ 상대편의 공격을 막음 **방어**

❷ 그 지방에서 특유하게 나는 물건 **토산물**

❸ 임금이 나라의 정치를 신하들과 의논하거나 집행하는 곳. 또는 그런 기구 **조정**

02 다음 낱말의 뜻과 그 낱말이 들어갈 문장을 찾아 선으로 이으세요.

❶ 권세나 정권을 잡음. — ㉠ 기병 — ⓐ 새 대통령이 (집권)하였다.

❷ 약자가 강자를 섬김. — ㉡ 사대 — ⓑ 황제는 (사대)의 예를 갖추라고 명하였다.

❸ 말을 타고 싸우는 병사 — ㉢ 집권 — ⓒ 말 등에 올라탄 (기병)들이 진격하였다.

03 다음 글의 밑줄 친 '회유'와 같은 뜻으로 사용된 문장은 무엇인가요? [⑤]

고려는 여진의 지배자에게 관직을 주며 회유하였다.

① 그는 명승지를 찾아 전국을 회유하였다.
② 그물을 쳐서 회유하는 물고기를 잡았다.
③ 동해안의 대구는 봄철 북쪽 해역으로 회유하는 어종이다.
④ 노인은 경치 좋은 곳을 회유하며 시간을 보내리라 생각하였다.
⑤ 조정에서는 도적질을 일삼던 무리를 회유하여 백성을 괴롭히지 않도록 하였다.

06 고려와 주변 국가의 교류

글을 읽으면서 중요하다고 생각하는 낱말에 색칠해 보세요.

가 고려는 건국 초기부터 여러 국가들과 활발하게 교류하였어요. 고려는 송, 요, 금, 일본 등 주변 국가와 교류하였는데 그 가운데 ㉠ 송과 가장 적극적으로 교류하였답니다. 고려는 송에 사신, 학자, 승려 등을 보내 송의 °선진 문물을 받아들이고 여러 물품을 교역하여 경제적인 이익을 얻었어요. 송과 교류하면서 고려에서는 우리나라 최초의 대장경인 초조대장경이 제작되었어요. 또한 청자가 만들어지고, 음악 발달도 이루어졌어요. 한편, 송은 거란과 여진을 견제하기 위한 목적에서 고려와 교류하였어요. 송의 상인들은 비단, 서적, 약재 등 주로 왕실과 귀족에게 필요한 물품을 고려에 가져와 고려의 나전 칠기, °화문석, 종이, 인삼 등과 바꾸어 갔어요.

나 고려는 거란, 여진 등 북방 °유목 민족과도 교류하였어요. 거란의 침입을 물리친 이후에는 거란과 외교 관계를 맺고 거란에 정기적으로 사신을 파견하였어요. 거란도 고려 국왕이 즉위하거나 생일을 맞이하면 사신을 파견하였지요. 거란은 식량과 농기구가 부족하였기 때문에 고려에 은, °모피, 말 등을 가져와 농기구, 곡식 등을 받아 갔어요. 여진은 초기에는 고려에 말과 화살 등을 바치고 식량과 농기구 등 생활에 필요한 물품을 받아 갔어요.

다 일본과는 사신이 오가거나 상인들을 통한 교류가 활발하게 이루어졌어요. 일본 상인들은 고려에 수은, 황 등을 가지고 와서 인삼, 서적 등과 바꾸어 갔어요. 한편, 이 시기 예성강 입구의 벽란도는 국제 °무역항으로 번성해 각국 상인들로 북적거렸어요. 벽란도는 수도인 개경과 가깝고 수심이 깊어 국제항으로 성장할 수 있는 조건을 갖추고 있었어요. 아라비아 상인들 역시 벽란도를 통해 개경에 들어왔어요. 이들은 수은과 °향료, 산호 등을 가지고 와 금과 비단 등을 사 갔어요. 이때 아라비아 상인들이 고려를 '코리아'라고 부르면서 코리아라는 이름이 °서방 세계에 알려지게 되었답니다.

028쪽 029쪽

중심 낱말 찾기

01 각 문단의 중심 낱말을 찾아 쓰세요.

가 문단: 고려와 송 의 교류
나 문단: 고려와 북방 유 목 민족의 교류
다 문단: 고려와 일본, 아 라 비 아 상인들의 교류

내용 이해

02 고려가 ㉠과 같이 교류한 목적을 바르게 말한 어린이를 모두 쓰세요.

라온	주변 민족을 견제하려 하였어.
민희	경제적인 이익을 얻으려 하였어.
수찬	송의 선진 문물을 받아들이려 하였어.
영훈	해적을 소탕하고 해상 무역권을 장악하려 하였어.

✎ 민희 , 수찬

내용 이해

03 이 글의 내용과 일치하지 않는 것은 무엇인가요? [✎ ①]

① 고려는 일본과는 교류하지 않았다. → 고려는 일본과 활발하게 교류하였어요.
② 아라비아 상인들이 고려를 방문하였다.
③ 여진은 고려로부터 식량과 농기구 등을 받아 갔다.
④ 거란에서는 고려 국왕이 즉위하면 사신을 파견하였다.
⑤ 고려는 송에 사신, 학자, 승려를 보내 선진 문물을 받아들였다.

° 선진: 문물의 발전 단계나 진보의 정도가 다른 것에 비해 앞섬.
° 화문석: 꽃의 모양을 놓아 짠 돗자리
° 유목: 일정한 거처 없이 풀밭을 찾아 옮겨 다니면서 목축을 하여 삶.
° 모피: 털이 그대로 붙어 있는 짐승의 가죽
° 무역항: 다른 나라의 배가 드나들면서 무역할 수 있도록 허가를 받은 항구
° 향료: 향을 내는 데 쓰는 물질
° 서방: 서쪽 지방

내용 이해

04 고려가 주변 국가와 교류하면서 들여온 물품으로 알맞은 것을 골라 기호를 쓰세요.

㉠
· 송: 비단, 서적, 약재 등 왕실과 귀족에게 필요한 물품
· 거란: 은, 모피, 말
· 일본: 수은, 황

㉡
· 송: 은, 모피, 말
· 거란: 비단, 서적, 약재 등 왕실과 귀족에게 필요한 물품
· 일본: 수은, 황

㉢
· 송: 수은, 황
· 거란: 은, 모피, 말
· 일본: 비단, 서적, 약재 등 왕실과 귀족에게 필요한 물품

✎ ㉠

도움말 | 송의 상인들은 고려에 비단, 서적, 약재 등을, 거란은 은, 모피, 말 등을, 일본 상인들은 수은, 황 등을 가지고 왔어요.

내용 이해

05 다음에서 설명하는 곳은 어디인지 이 글에서 찾아 쓰세요.

고려 시대의 대표적인 국제 무역항. 예성강 입구에 위치하였는데, 수도인 개경과 연결되어 있었고 물이 깊어 큰 배도 쉽게 드나들 수 있었다. 당시 송과 일본 상인들은 물론 아라비아 상인들이 이곳을 통해 개경에 들어왔다.

✎ 벽란도

도움말 | 다 문단을 보면 예성강 입구의 벽란도가 고려 시대 국제 무역항으로 번성하였음을 알 수 있어요.

내용 추론

06 다음 대화에서 어린이가 한 질문에 대한 답으로 알맞은 내용을 쓰세요.

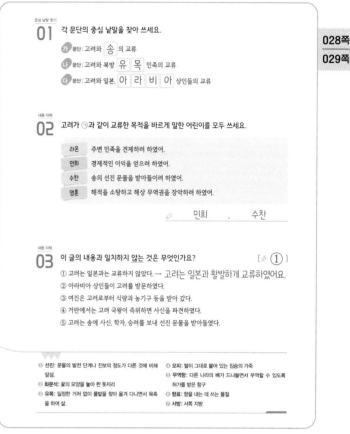

내가 책을 봤는데 고려 정종 때 아라비아 상인 보나합이 왕에게 수은, 향신료 등의 물건을 바쳤대. 고려에 아라비아 상인들이 오다니 신기해.

고려는 서방 세계에 어떻게 알려지게 되었을까?

✎ 고려에 온 아라비아 상인들이 고려를 코리아라고 부르면서 고려가 코리아라는 이름으로 서방 세계에 알려졌다.

030쪽 031쪽

01 다음 뜻을 나타내는 낱말에 ○표 하세요.

① 향을 내는 데 쓰는 물질 [원료 / (향료)]
② 문물의 발전 단계나 진보 정도가 다른 것에 비해 앞섬. [(선진) / 후진]
③ 일정한 거처 없이 풀밭을 찾아 옮겨 다니면서 목축을 하여 삶. [(유목) / 유랑]

02 다음 빈칸에 들어갈 낱말을 찾아 선으로 이으세요.

1 서방 — ㉡ 몽골 제국의 칭기즈 칸은 세력을 점차 (서방)(으)로 넓혀 나갔다
2 약재 — ㉢ 그는 병든 어머니를 위해 몸에 좋다는 (약재)을/를 모두 구해 왔다.
3 무역항 — ㉠ 왕골로 짠 (화문석)은/는 강화도의 대표적인 특산품이다.
4 화문석 — ㉣ 중국의 상하이는 큰 배들이 자유롭게 드나드는 세계적인 (무역항)이다.

03 다음 글에서 밑줄 친 낱말과 바꾸어 쓸 수 있는 낱말은 무엇인가요? [✎ ②]

연평균 기온이 낮고 눈이 많이 내리는 고장에 사는 사람들은 짐승의 털가죽으로 만든 외투를 입는다. 두꺼운 외투를 입음으로써 추위로부터 몸을 보호하고 체온을 유지할 수 있었다.

① 모근 ② 모피 ③ 상피 ④ 허울 ⑤ 꼬투리

07 고려 문벌의 성립과 이자겸의 난

032쪽
033쪽

글을 읽으면서 중요하다고 생각하는 낱말에 색칠해 보세요.

가 고려를 건국할 당시 지방 호족과 신라의 6두품 세력이 중심적인 역할을 담당하였어요. 이들은 점차 중앙 정치에 나아가 새로운 지배층을 이루었어요. 이들 가운데 대대로 고위 관료를 **배출**한 가문이 문벌을 형성하였답니다. 대표적인 문벌 가문으로 경원 이씨, 해주 최씨, 경주 김씨, 파평 윤씨 등이 있었어요. 문벌은 왕실이나 비슷한 가문끼리 **폐쇄적**인 혼인 관계를 맺어 권력을 이어 나갔어요. 또 **세습**이 가능한 토지인 공음전을 받고, **고리대**를 이용하여 백성의 땅을 불법적으로 빼앗아 재산을 늘리기도 하였어요. 문벌들은 이렇게 얻은 재산을 자손에게 물려주면서 대대로 부유한 삶을 살았어요. 한편, 고려 시대에는 국가에 공을 세운 사람의 후손이나 고위 관료의 자제를 시험 없이 관리로 뽑는 음서라는 제도가 있었어요. 문벌은 과거뿐만 아니라 음서를 통해서도 관리가 될 수 있었고 관리가 된 후에는 주요 관직을 독차지하였어요.

나 문벌은 오랜 기간 정치적, 경제적으로 **특권**을 누리면서 점차 **보수화**하였어요. 이들은 주요 관직을 차지하여 정치권력을 장악하였으며, 넓은 토지를 가지고 막대한 부를 누렸어요.

다 문벌 가운데 경원 이씨 가문은 왕실과 거듭된 혼인 관계를 맺으며 성장하였어요. 그중 대표적인 인물로 이자겸이 있었어요. 이자겸은 자신의 딸들을 예종, 인종과 혼인시켜 인종의 외할아버지이자 장인이 되었어요. 인종이 왕으로 즉위하자 이자겸은 왕보다도 더 큰 권력을 행사하였지요. 이에 위협을 느낀 인종이 이자겸을 없애려 하였으나 이자겸 세력이 **반격**하면서 실패하였어요. 이 사건을 이자겸의 난이라고 하는데 난이 일어나는 과정에서 고려 궁궐이 불에 타기도 하였답니다. 인종은 이자겸과 그 부하인 척준경의 사이가 멀어지자 척준경을 이용하여 이자겸을 몰아냈어요. 그 후 이자겸은 **귀양**을 갔고 그곳에서 병으로 죽었어요.

중심 낱말 찾기

01 다음에서 설명하는 세력을 이 글에서 찾아 쓰세요.

> 고려 시대의 지배층으로 대대로 고위 관료를 배출하였고, 왕실이나 비슷한 가문과 혼인 관계를 맺었죠. 공음전과 고리대 등으로 경제적 기반을 넓혔으며, 음서와 과거를 통해 주요 관직을 독차지하였다.

✎ **문벌**

02 다음 중 문벌이 누린 특권과 관련이 있는 내용에 ○표 하세요.

- ☐ 기병
- ☐ 보병
- ○ 음서
- ☐ 지방관
- ○ 공음전
- ☐ 사심관

03 이자겸에 대한 검색 결과로 알맞지 <u>않은</u> 것은 무엇인가요? [✎ ③]

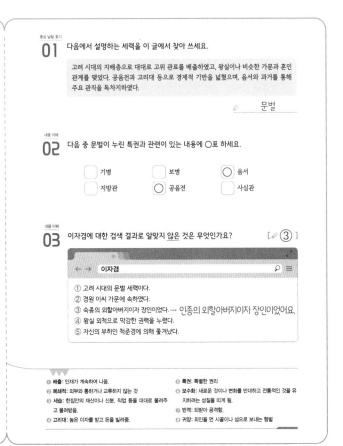

← → 🔍 이자겸   🔍 ≡

① 고려 시대의 문벌 세력이다.
② 경원 이씨 가문에 속하였다.
③ 숙종의 외할아버지이자 장인이었다. — 인종의 외할아버지이자 장인이었어요.
④ 왕실 외척으로 막강한 권력을 누렸다.
⑤ 자신의 부하인 척준경에 의해 쫓겨났다.

- ① 배출: 인재가 계속하여 나옴.
- ② 폐쇄적: 외부와 통하거나 교류하지 않는 것
- ③ 세습: 한집안의 재산이나 신분, 직업 등을 대대로 물려주고 물려받음.
- ④ 고리대: 높은 이자를 받고 돈을 빌려줌.
- ⑤ 특권: 특별한 권리
- ⑥ 보수화: 새로운 것이나 변화를 반대하고 전통적인 것을 유지하려는 성질을 띠게 됨.
- ⑦ 반격: 되받아 공격함.
- ⑧ 귀양: 죄인을 먼 시골이나 섬으로 보내는 형벌

034쪽
035쪽

04 다음 사건이 일어난 순서에 맞게 번호를 쓰세요.

②	①	③	④
인종이 이자겸을 제거하려고 하였다.	이자겸이 딸들을 예종, 인종과 혼인시켰다.	이자겸 세력이 반란을 일으키면서 궁궐이 불탔다.	인종이 척준경을 이용하여 이자겸을 몰아냈다.

05 다음 퀴즈 내용이 맞으면 ○, 틀리면 ✕에 표시하세요.

- Quiz 1 공음전은 세습이 가능하다? ○ ✕
- Quiz 2 문벌은 음서로 관리가 될 수 있었다? ○ ✕
- Quiz 3 문벌은 폐쇄적인 혼인 관계를 맺었다? ○ ✕
- Quiz 4 이자겸은 반란을 일으켜 왕이 되었다? ○ **✕**
  └ 이자겸의 난은 실패로 끝났어요.

06 다음 빈칸에 들어갈 알맞은 대답을 쓰세요.

> **여진** 고려에서는 인종이 왕이 된 후 이자겸이 큰 권력을 행사하였어.
> **장호** 이자겸이 왕을 위협할 정도로 큰 권력을 행사할 수 있었던 배경은 무엇일까?
> **효선** _____

✎ 이자겸은 대표적인 문벌인 경원 이씨에 속한 인물로, 딸들을 예종, 인종과 거듭 혼인시켜 인종의 외할아버지이자 장인이 되었기 때문이지.

01 다음 낱말의 뜻을 찾아 선으로 이으세요.

1 고리대		㉠ 높은 이자를 받고 돈을 빌려줌.
2 보수화		㉡ 외부와 통하거나 교류하지 않는 것
3 폐쇄적		㉢ 새로운 것이나 변화를 반대하고 전통적인 것을 유지하려는 성질을 띠게 됨.

02 다음 빈칸에 들어갈 낱말을 오른쪽 상자에서 찾아 쓰세요.

① 적을 **반격**할 때는 철저하게 준비해야 승리할 수 있다. *되받아 공격함.

② 조선 시대의 지배층인 양반은 **특권**을 누리는 계층이었다. *특별한 권리

③ 우리 학교의 목표는 훌륭한 예술가를 많이 **배출**하는 것이다. *인재가 계속하여 나옴.

십	시	일	반
배	출	조	격
조	사	특	편
운	동	권	기
풍	력	이	념

03 다음 글에서 밑줄 친 낱말과 바꾸어 쓸 수 있는 낱말은 무엇인가요? [✎ ③]

> 고구려, 백제, 신라에서는 왕을 중심으로 나라를 다스리는 중앙 집권 체제가 정비되었다. 삼국이 중앙 집권 국가로 발전하는 과정에서 왕이 자손에게 왕위를 <u>대물림하는</u> 제도가 성립되었다.

① 단절   ② 선출   ③ 세습   ④ 수취   ⑤ 회수

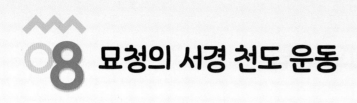

글을 읽으면서 중요하다고 생각하는 낱말에 색칠해 보세요.

가 고려에서는 이자겸의 난을 겪으며 왕실의 ⁰권위가 떨어지고 사회가 무척 혼란하였어요. 이러한 상황에서 인종은 왕권을 회복하기 위해 윤언이, 정지상 등 개혁 세력을 등용하였어요. 이들은 그동안 권력을 쥐고 있던 문벌에 ⁰대항하는 ⁰신진 세력이었어요.

나 인종은 이자겸이 몰락한 이후 금을 배격하자는 의견이 강해지자 서경 출신의 승려인 묘청을 내세워 개혁을 추진하였어요. 묘청과 정지상 등 개혁 세력은 황제를 칭하고 스스로 연호를 만들어 사용할 것을 주장하였어요. 또한 고려가 금과 사대 관계를 맺은 사실을 비판하며 금을 정벌할 것을 주장하였어요. 이들은 당시 널리 퍼져 있던 풍수지리설을 근거로 하여 개경은 땅의 기운이 다했으니 수도를 서경으로 옮기자고 하였어요. 서경 ⁰천도를 주장하였기 때문에 이들을 서경 세력이라고 부른답니다. 서경 세력은 서경을 새로운 수도로 삼으면 천하를 ⁰병합할 수 있고 금이 스스로 고려에 항복할 것이라고 주장하였어요. 인종도 서경에 대화궁이라는 궁궐을 짓고 천도하려는 뜻을 내비쳤지요. 그러나 김부식을 중심으로 한 개경 세력은 서경 천도와 금 정벌에 반대하였어요. 개경을 중심으로 ⁰권세를 누리던 문벌들은 수도를 옮기면 자신들의 힘이 약해질 것이라 생각하였던 것이지요.

다 서경 세력과 개경 세력의 대립은 점차 심해졌어요. 결국 인종이 서경으로 천도하려는 계획을 포기하면서 수도를 옮기는 일은 좌절되었어요. 그러자 1135년 묘청 등은 나라 이름을 대위, 연호를 천개라고 하면서 서경에서 반란을 일으켰어요. 이 소식을 들은 인종은 김부식에게 군사를 이끌고 반란을 ⁰진압할 것을 명하였어요. 묘청이 같이 반란을 일으킨 부하에게 죽임을 당한 뒤에도 반란군의 저항은 계속되었어요. 그러나 결국 서경성이 무너지면서 반란은 1년여 만에 김부식이 이끄는 관군에게 진압되었어요.

중심 낱말 찾기

01 각 문단의 중심 낱말에 ○표 하세요.

가 문단: 이자겸의 난 이후 [숙종 /(인종)]은 왕권을 회복하기 위해 개혁 세력을 등용하였다.

나 문단: 서경 세력은 [유교 /(풍수지리설)]을/를 근거로 서경 천도를 주장하였다.

다 문단: 묘청은 나라 이름을 대위라고 하면서 [개경 /(서경)]에서 반란을 일으켰다.

내용 이해

02 다음 주장을 한 세력에 ○표 하세요.

주장	개경 세력	서경 세력
❶ 금을 정벌하는 것은 안 된다.	○	
❷ 개경은 땅의 기운이 다하였다.		○
❸ 서경으로 천도하는 것에 반대한다.	○	
❹ 황제를 칭하고 연호를 사용해야 한다.		○

내용 이해

03 이글의 내용과 일치하지 않는 것은 무엇인가요? [✎ ②]

① 인종은 윤언이, 정지상을 등용하였다.
② 개경의 문벌들은 서경 천도에 적극 찬성하였다.
③ 이자겸의 난으로 고려 왕실의 권위가 떨어졌다.
④ 묘청은 금과 사대 관계를 맺은 것을 비판하였다.
⑤ 김부식이 이끈 관군이 묘청이 일으킨 반란을 진압하였다.

도움말 | ② 개경을 중심으로 권세를 누리고 있던 기존 문벌들은 서경으로 수도를 옮기면 자신들의 세력이 약해질 것을 걱정하여 서경 천도에 반대하였어요.

❶ 권위: 남을 지휘하거나 통솔하여 따르게 하는 힘
❷ 대항: 굽히거나 지지 않으려고 맞서서 버티거나 반항함.
❸ 신진: 어떤 사회나 분야에 새로 나서거나 또는 그런 사람
❹ 천도: 한 나라의 수도를 옮김.
❺ 병합: 둘 이상의 기구나 단체, 나라 등이 하나로 합쳐짐.
❻ 권세: 권력과 세력을 아울러 이르는 말
❼ 진압: 강압적인 힘으로 억눌러 진정시킴.

036쪽
037쪽

내용 이해

04 (가)에 들어갈 내용으로 알맞은 것은 무엇인가요? [✎ ④]

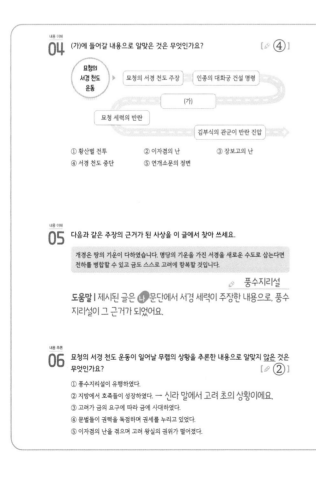

묘청의 서경 천도 운동 → 묘청의 서경 천도 주장 → 인종의 대화궁 건설 명령 → (가) → 묘청 세력의 반란 → 김부식의 관군이 반란 진압

① 황산벌 전투
② 이자겸의 난
③ 장보고의 난
④ 서경 천도 중단
⑤ 연개소문의 정변

내용 이해

05 다음과 같은 주장의 근거가 된 사상을 이 글에서 찾아 쓰세요.

개경은 땅의 기운이 다하였습니다. 명당의 기운을 가진 서경을 새로운 수도로 삼는다면 천하를 병합할 수 있고 금도 스스로 고려에 항복할 것입니다.

✎ 풍수지리설

도움말 | 제시된 글은 **나** 문단에서 서경 세력이 주장한 내용으로, 풍수지리설이 그 근거가 되었어요.

내용 추론

06 묘청의 서경 천도 운동이 일어날 무렵의 상황을 추론한 내용으로 알맞지 않은 것은 무엇인가요? [✎ ②]

① 풍수지리설이 유행하였다.
② 지방에서 호족들이 성장하였다. → 신라 말에서 고려 초의 상황이에요.
③ 고려가 금의 요구에 따라 금에 사대하였다.
④ 문벌들이 권력을 독점하며 권세를 누리고 있었다.
⑤ 이자겸의 난을 겪으며 고려 왕실의 권위가 떨어졌다.

---

01 다음 뜻을 나타내는 낱말에 ○표 하세요.

❶ 권력과 세력을 아울러 이르는 말 [(권세)/ 허세]

❷ 강압적인 힘으로 억눌러 진정시킴. [방지 /(진압)]

❸ 굽히거나 지지 않으려고 맞서서 버티거나 반항함. [(대항)/ 순응]

02 다음 문장의 빈칸에 들어갈 낱말을 보기에서 찾아 쓰세요.

보기			
권위	병합	천도	회복

❶ 고구려의 장수왕은 국내성에서 평양으로 (천도)하였다.

❷ 그 교수는 로봇 공학 분야에서 (권위)이/가 있는 학자이다.

❸ 두 기업이 (병합)하면서 회사의 규모가 커지고 직원 수도 많아졌다.

❹ 딸은 부모님의 정성스러운 간호로 병에서 (회복)하여 건강을 되찾을 수 있었다.

03 다음 대화의 빈칸에 들어갈 낱말로 알맞은 것은 무엇인가요? [✎ ⑤]

이번 대회에서는 기존 선수들의 활약이 돋보인 것 같아.

아무래도 기존 선수들에 비해 (신진) 선수들은 경험이 부족하겠지.

① 구식
② 기성
③ 미완
④ 성인
⑤ 신진

038쪽
039쪽

040쪽
041쪽

글을 읽으면서 중요하다고 생각하는 낱말에 색칠해 보세요.

⑦ 고려에서는 같은 관리였지만 문신에 비해 무신의 ¹지위가 상대적으로 낮았어요. 높은 관직은 문신이 독차지하였고, 군대의 최고 지휘관도 무신이 아닌 문신이 맡았지요. 하급 군인은 일한 대가로 주는 토지를 제대로 받지 못한 채 각종 공사에 동원되었어요. 무신에 대한 차별이 계속되자 무신들의 불만이 쌓여 갔지요. 한편, 인종의 뒤를 이은 의종은 초반에는 문무 간 균형을 꾀하며 왕권을 강화하려 하였어요. 그러나 문벌의 반대에 부딪히자 점차 정치를 멀리하고 ²연회와 놀이에 빠졌어요.

④ 왕권이 약해지자 무신에 대한 차별은 더욱 심해졌어요. 심지어 한 문신이 무신 중 높은 관직에 해당하는 대장군의 뺨을 때리는 일이 벌어지기도 하였어요. 이러한 상황에서 기회를 엿보고 있던 정중부, 이의방 등의 무신들은 의종이 보현원에 ³행차하자 정변을 일으켰어요(1170년). 무신들은 문신들을 제거한 뒤 의종을 왕에서 몰아내고 명종을 새 국왕으로 세웠어요. 무신 정변으로 무신들이 정권을 잡는 시대가 열리게 되었어요.

④ 무신들은 최고 회의 기구인 중방을 통해 국가의 중요한 정책을 결정하였어요. 무신들은 정치보다는 자신의 세력을 키우고 재산을 늘리는 데 관심을 가졌어요. 무신 정권 초기에는 무신 간 권력을 차지하기 위한 다툼이 계속되면서 집권자가 자주 바뀌었어요. 이러한 혼란은 최충헌이 권력을 잡으면서 ⁴수습되었어요.

④ 최충헌은 교정도감을 설치하여 국가의 중요한 정책을 결정하고 집행하였으며, ⁵사병 집단인 도방을 확대하여 자기 가문에 대한 경호를 강화하였어요. 그의 아들인 최우는 자신의 집에 정방을 설치하여 ⁶인사 행정을 담당하게 하였고, 서방을 두어 실력 있는 문인에게 정책을 ⁷자문하였어요. 또한 기존 부대와는 별도로 삼별초를 조직하여 군사적 기반으로 삼았어요. 최씨 정권은 4대 60여 년간 비교적 안정적으로 정권을 이어 갔어요.

---

01 다음에서 설명하는 사건을 이 글에서 찾아 쓰세요.

> 고려 의종 때인 1170년 정중부, 이의방 등은 왕이 보현원에 행차했을 때를 이용하여 문신들을 제거하고 의종을 폐위하였어요. 이 사건으로 무신 정권이 성립되었어요.

✎ **무신 정변**

내용 이해

02 각 문단의 중심 내용을 찾아 선으로 이으세요.

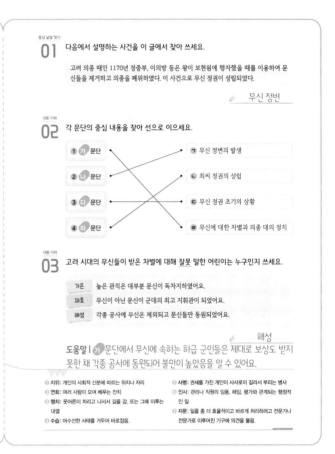

1 ⑦ 문단 ——— ㉠ 무신 정변의 발생
2 ④ 문단 ——— ㉡ 최씨 정권의 성립
3 ④ 문단 ——— ㉢ 무신 정권 초기의 상황
4 ④ 문단 ——— ㉣ 무신에 대한 차별과 의종 대의 정치

내용 이해

03 고려 시대의 무신들이 받은 차별에 대해 잘못 말한 어린이는 누구인지 쓰세요.

가은 | 높은 관직은 대부분 문신이 독차지하였어요.
재호 | 무신이 아닌 문신이 군대의 최고 지휘관이 되었어요.
해성 | 각종 공사에 무신은 제외되고 문신들만 동원되었어요.

✎ **해성**

도움말 | ⑦ 문단에서 무신에 속하는 하급 군인들은 제대로 보상도 받지 못한 채 각종 공사에 동원되어 불만이 높았음을 알 수 있어요.

1) **지위**: 개인의 사회적 신분에 따르는 위치나 자리
2) **연회**: 여러 사람이 모여 베푸는 잔치
3) **행차**: 웃어른이 차리고 나서서 길을 감. 또는 그때 이루는 대열
4) **수습**: 어수선한 사태를 거두어 바로잡음.
5) **사병**: 권세를 가진 개인이 사사로이 길러서 부리는 병사
6) **인사**: 관리나 직원의 임용, 해임, 평가와 관계되는 행정적인 일
7) **자문**: 일을 좀 더 효율적이고 바르게 처리하려고 전문가나 전문가로 이루어진 기구에 의견을 물음.

042쪽
043쪽

내용 이해

04 다음 내용이 맞으면 ○, 틀리면 ✕에 표시하세요.

1 무신 정변으로 무신 정권이 성립되었다. [○/✕]
2 최씨 정권은 4대 60여 년간 정권을 유지하였다. [○/✕]
3 고려 시대에는 문신에 비해 무신의 지위가 높았다. [○/✕] → 문신에 비해 무신의 지위가 낮았어요.
4 의종은 왕권을 강화하려는 노력이 실패하자 점차 정치를 멀리하고 연회와 놀이에 빠졌다. [○/✕]

내용 이해

05 다음 표는 최씨 정권의 권력 기반을 정리한 것이에요. ㉠~㉢에 들어갈 말을 이 글에서 찾아 쓰세요.

정치적 기반	• (㉠): 국가의 중요한 정책 결정 • (㉡): 인사 행정 담당 • 서방: 문인에게 정책을 자문함.
군사적 기반	• (㉢): 사병 집단, 최씨 정권 때 확대함. • 삼별초: 기존 부대와 별도로 설치

✎ ㉠: **교정도감** ㉡: **정방** ㉢: **도방**

내용 추론

06 다음 ㉠~㉣ 중 무신 정변이 일어난 무렵의 기록으로 알맞은 것을 모두 골라 기호를 쓰세요.

> ㉠ 보현원에서 분노한 정중부, 이의방 등의 무신들이 수많은 문신을 없앴다. 이후 ㉡ 무신들은 인종을 쫓아내고 의종을 왕위에 올렸다. 왕은 허수아비에 지나지 않고 정치를 이끈 것은 무신들이었다. ㉢ 정변 직후 무신들은 도방에 모여 나라의 중요한 일을 결정하기 위한 회의를 열었다. ㉣ 권력을 차지하기 위해 무신들이 서로 다투면서 집권자가 여러 차례 바뀌었다.

✎ **㉠ , ㉣**

도움말 | ㉡ 무신들은 의종을 쫓아내고 명종을 새 국왕으로 세웠어요. ㉢ 정변 직후 무신들은 중방에서 회의를 열어 정책을 결정하였어요.

---

01 다음 뜻을 나타내는 낱말을 쓰세요.

1 개인의 사회적 신분에 따르는 위치나 자리 → 지위
2 권세를 가진 개인이 사사로이 길러서 부리는 병사 → 사병
3 웃어른이 차리고 나서서 길을 감. 또는 그때 이루는 대열 → 행차

02 다음 밑줄 친 낱말과 바꾸어 쓸 수 있는 낱말을 찾아 선으로 이으세요.

1 귀족들이 성대한 잔치를 열었다. ——— ㉠ 문의
2 지금은 서로 싸우기보다 사건을 수습하는 일이 먼저이다. ——— ㉡ 연회
3 경제 개혁에 관한 보고서를 작성하기 위해 전문가에게 자문하였다. ——— ㉢ 해결

03 '인사'가 다음과 같은 뜻으로 쓰인 문장으로 알맞은 것은 무엇인가요? [✎ ⑤]

> 관리나 직원의 임용, 해임, 평가와 관계되는 행정적인 일

① 그 강연에는 유명 인사가 많이 참석하였다.
② 고향에 내려가 동네 어른들께 인사를 드렸다.
③ 이승만 대통령이 연단에 올라 기념식 인사를 하였다.
④ 각계각층의 인사가 한 자리에 모여 정책을 논의하였다.
⑤ 회사의 인사 발령으로 그는 총무과로 부서를 옮기게 되었다.

10 무신 정권기 백성의 삶

글을 읽으면서 중요하다고 생각하는 낱말에 색칠해 보세요.

가 고려 무신 정권기에는 왕은 있었지만 힘이 없었고 무신들 간의 권력 다툼이 계속되면서 정치가 무척 혼란하였어요. 지방에 대한 정부의 ①통제도 제대로 이루어지지 못하였지요. 무신들은 백성의 생활을 보살피기보다는 백성의 토지를 강제로 빼앗고 세금을 ②과도하게 거두는 데 급급하였고 이로 인해 백성의 생활은 더욱 어려워졌어요. 한편, ㉠ 고려 시대에는 향·부곡·소와 같은 특수 행정 구역이 있었는데 이곳에 사는 주민은 일반 백성에 비해 나라에 더 많은 세금을 냈어요. 이와 같은 차별로 특수 행정 구역의 주민은 큰 고통을 받았어요. 무신 정권기에는 천민 출신인 이의민이 집권자가 되면서 신분 상승에 대한 백성의 기대감이 높아지기도 하였답니다. 이러한 상황을 배경으로 각지에서 농민과 천민이 봉기하였어요.

나 생활이 어려워진 농민들은 떠돌이 생활을 하거나 도적이 되기도 하였어요. 특수 행정 구역이었던 공주 명학소의 망이·망소이 형제는 과도한 세금 ③부담을 견디지 못하고 봉기하였어요. 한때 이들이 충청도 일대를 차지할 정도로 세력이 커지자 정부는 명학소를 충순현으로 올려 주었으나, 이후 정부는 다시 관군을 보내 결국 봉기군의 저항을 진압하였어요. 경상도의 운문과 초전에서는 김사미와 효심이 농민을 이끌고 일어나 세력을 떨쳤어요. 이들은 경주 세력과 ④합세하여 중앙 정부에 저항하였어요.

다 이 시기 각지에서 천민들의 봉기도 이어졌어요. 전주에서는 관청에 소속되어 있던 관노비들이 지방관의 ⑤횡포에 불만을 품고 봉기하였어요. 개경에서는 노비 만적이 신분 해방을 목적으로 봉기를 계획하였어요. 그러나 한 노비가 주인에게 ⑥밀고하여 만적을 비롯한 수많은 노비가 죽임을 당하면서 봉기는 시도지도 못한 채 실패로 끝났어요. 이들의 봉기는 모두 실패하였지만 하층민이 신분 해방을 목표로 차별에 ⑦항거하였다는 데 의의를 지닌답니다.

044쪽 045쪽

중심 낱말 찾기

01 각 문단의 중심 낱말을 찾아 쓰세요.
- **가** 문단: 무신 정권기 농민·천민 **봉 기** 의 배경
- **나** 문단: 무신 정권기 **농 민** 의 봉기
- **다** 문단: 무신 정권기 **천 민** 의 봉기

내용 이해

02 이 글을 읽고 무신 정권기 농민과 천민의 봉기가 일어난 배경을 바르게 말한 어린이를 모두 쓰세요.

> 귀족들의 왕위 다툼이 치열하였어. **도은**
>
> 신분 상승에 대한 백성의 기대감이 높아졌어. **시호**
>
> 무신들이 세금을 많이 거두면서 백성의 삶이 어려웠어. **아린**

✏ **시호**, **아린**

내용 이해

03 ㉠과 같은 차별에 저항하여 일어난 봉기는 무엇인가요? [✏ ⑤]
① 만적의 난
② 이자겸의 난
③ 전주 관노비의 봉기
④ 김사미와 효심의 봉기
⑤ 망이·망소이 형제의 봉기

도움말 | 공주 명학소의 망이·망소이 형제는 과도한 세금 부담을 견디지 못하고 봉기하였어요.

① **통제:** 권력으로 언론 활동, 경제 활동 등에 제한을 가하는 일
② **과도:** 정도에 지나침.
③ **부담:** 어떠한 의무나 책임을 짐.
④ **합세:** 흩어져 있는 세력을 한곳에 모음.
⑤ **횡포:** 제멋대로 굴며 몹시 난폭함.
⑥ **밀고:** 남몰래 넌지시 일러바침.
⑦ **항거:** 순종하지 아니하고 맞서서 반항함.

내용 이해

04 다음 퀴즈 내용이 맞으면 ○, 틀리면 ×에 표시하세요.

Quiz 1 무신 정권기에는 왕이 없었다? ○ **×**

Quiz 2 무신 정권기에는 각지에서 농민과 천민이 봉기하였다? **○** ×

내용 이해

05 다음 지역에서 봉기를 시도한 인물과 봉기의 특징을 선으로 이으세요.

지역	인물	특징
① 개경	㉮ 만적	ⓐ 경주 세력과 합세하였다.
② 운문·초전	㉯ 망이·망소이	ⓑ 한때 충청도 일대를 점령하였다.
③ 공주 명학소	㉰ 김사미·효심	ⓒ 봉기 계획이 들키면서 실패로 끝났다.

내용 추론

06 이 글을 읽은 어린이가 다음 ㉠~㉣에 대해 말한 내용으로 알맞지 않은 것은 무엇인가요? [✏ ⑤]

> ㉠ 만적이 북산에서 나무를 하다가 주변의 노비들을 모아 다음과 같이 연설하였다. "㉡무신 정변 이후로 ㉢고관들이 천민이나 노비 출신에서 많이 나왔다. 장군이나 정승에 어찌 처음부터 씨가 있겠는가? 때가 오면 ㉣누구나 될 수 있는 것이다. ㉤왜 우리만 매를 맞으며 힘들게 일해야 하는가?"

① ㉠ - 노비 출신으로 봉기를 계획하였어.
② ㉡ - 대표적 인물로 이의민을 들 수 있어.
③ ㉢ - 무신 정권기 신분 상승에 대한 백성의 기대감이 높았어.
④ ㉣ - 만적의 봉기가 신분 해방을 목표로 하였음이 드러나 있어.
⑤ ㉤ - 특수 행정 구역의 주민으로서 받는 차별에 불만을 품었음을 알 수 있어.

도움말 | ⑤ **다** 문단을 보면 만적이 노비 신분으로, 하층민으로서 겪는 불평등에 항거하여 신분 해방을 시도하였음이 드러나 있어요.

046쪽 047쪽

01 다음 낱말의 뜻이 맞으면 ○, 틀리면 ×에 표시하세요.
① 과도 - 정도에 지나침. [**○**/×]
② 봉기 - 남몰래 넌지시 일러바침. [○/**×**]
③ 합세 - 흩어져 있는 세력을 한곳에 모음. [**○**/×]

02 다음 밑줄 친 낱말의 뜻을 **보기**에서 찾아 기호를 쓰세요.

보기
㉠ 제멋대로 굴며 몹시 난폭함.
㉡ 순종하지 아니하고 맞서서 반항함.
㉢ 권력으로 언론 활동, 경제 활동 등에 제한을 가하는 일

① 민중들은 지배 계급에 **항거**하였다. (㉡)
② 유럽 국가들의 수출 **통제**가 약화되었다. (㉢)
③ 『양반전』은 양반의 **횡포**를 비꼬는 작품이다. (㉠)

03 다음 뜻을 나타내는 낱말이 들어갈 문장으로 알맞지 않은 것은 무엇인가요? [✏ ②]

부 담 : 어떠한 의무나 책임을 짐.

① 모임에 드는 돈은 각자 **부 담** 하기로 하였다.
② 외국인이 출입하는 것을 철저히 **통 제** 하였다.
③ 세금을 **부 담** 해야 할 백성의 수가 줄어들었다.
④ 조선 시대 서원은 국가의 각종 **부 담** 에서 면제되었다.
⑤ 국민의 의무 교육 제도 실시에 따른 경비는 국가가 **부 담** 한다.

048쪽
049쪽

글을 읽으면서 중요하다고 생각하는 낱말에 색칠해 보세요.

가 고려에서 최씨 정권이 이어지던 무렵, 몽골은 칭기즈 칸이 부족을 통일하면서 세력이 강해졌어요. 강성해진 몽골은 주변 나라들을 침략하였고 세력이 약해진 금을 공격하였어요. 당시 금의 지배를 받던 거란인이 몽골군에 쫓겨 고려의 국경선을 침범하자 몽골은 고려를 돕는다는 °명목으로 군대를 파견었어요. 고려군과 몽골군은 함께 거란인이 있던 강동성을 함락하였어요. 이를 계기로 고려는 몽골과 공식적인 외교 관계를 맺었어요.

나 그러나 몽골이 고려에 사신을 보내 물자를 많이 바치라고 °요구하면서 고려와 몽골 간의 갈등이 커졌어요. 그러던 중 고려에 온 몽골의 사신이 °귀국하는 길에 죽임을 당하는 사건이 일어났어요. 몽골은 이 일을 °구실로 1231년 국교를 끊고 고려에 침략해 왔어요. 몽골의 침략에 맞서 귀주성을 비롯한 북방의 여러 성에서는 고려의 군사와 백성이 힘껏 저항하여 성을 지켰어요. 그러나 많은 지역이 함락되고 고려군이 몽골군에 패배하자 최씨 정권은 서둘러 몽골과 °강화를 맺었어요.

다 1차 침략 이후 몽골이 무리한 요구를 계속해 오자 고려는 도읍을 개경에서 강화도로 옮겨 몽골에 맞서 싸우려고 하였어요. 강화도는 물살이 매우 빠르고 갯벌이 넓게 펼쳐져 있는 섬이라서 초원에서 살던 몽골군이 침략하기 어려운 지역이었어요. 또한 땅이 넓어서 많은 사람이 살 수 있었고 뱃길로 육지의 세금과 각종 물건을 옮겨 올 수 있었어요. 최씨 정권은 강화도로 수도를 옮기고 백성을 주로 °산성이나 섬으로 들어가게 하여 °항전을 준비하였어요. 몽골은 고려를 다시 침략해 왔고, 몽골의 침입에 맞서 사회적으로 차별받던 특수 행정 구역의 주민과 노비들이 크게 활약하였어요. 김윤후는 처인성에서 처인 부곡 백성과 함께 몽골군의 총사령관인 살리타를 죽이는 등 큰 승리를 거두었어요. 이후 김윤후는 충주성에서 노비 문서를 불태워 노비들의 사기를 높여 성을 지키고 몽골군을 물리쳤어요.

중심 낱말 찾기

01 다음 빈칸에 공통으로 들어갈 낱말을 이 글에서 찾아 쓰세요.

> 몽 골 의 무리한 물자 요구로 고려와 몽골 간의 갈등이 커졌다. 그러던 와중에 몽 골 은 고려에서 돌아오던 자기 나라의 사신이 죽임을 당하는 일이 일어나자 이를 구실로 고려에 침략하였다.

✎ 몽골

내용 이해

02 다음 내용이 맞으면 ○, 틀리면 ✕에 표시하세요.

① 고려와 고려군은 거란인이 있던 강동성을 함락하였다. [○/✕]
② 고려는 몽골과 외교 관계를 맺은 이후 몽골에 많은 물자를 요구하였다. [○/✕]
③ 몽골의 고려 침략 당시 고려에서는 최씨 정권이 정권을 장악하고 있었다. [○/✕]

> 몽골이 고려에 많은 물자를 요구하였어요.

내용 이해

03 몽골의 침략 과정에서 있었던 일을 순서에 맞게 번호를 쓰세요.

1	3	2	4
몽골이 국교를 끊고 고려에 침략하였다.	고려가 수도를 개경에서 강화도로 옮겼다.	귀주성에서 고려군이 몽골군에 저항하였다.	처인성에서 김윤후와 백성이 몽골군에 승리하였다.

° 명목: 구실이나 이유
° 요구: 받아야 할 것을 달라고 청함.
° 귀국: 외국에 나가 있던 사람이 자기 나라로 돌아오거나 돌아감.
° 구실: 핑계를 삼을 만한 재료
° 강화: 싸우던 두 편이 싸움을 멈추고 평화로운 상태가 됨.
° 산성: 산 위에 쌓은 성
° 항전: 적에 대항하여 싸움.

050쪽
051쪽

내용 이해

04 다음 대화의 ㉠, ㉡에 들어갈 알맞은 말을 이 글에서 찾아 쓰세요.

> 몽골의 침략에 최씨 정권은 어떻게 대응하였어요?
>
> 수도를 [㉠]로 옮겨 몽골과의 싸움을 준비하였어.
>
> 그럼 백성은 어떻게 몽골군에 항전하였어요?
>
> 백성은 주로 [㉡]이나 섬으로 들어가 몽골군과 맞서 싸웠어.

✎ ㉠ 강화도 ㉡ 산성

내용 이해

05 다음에서 설명하는 인물을 이 글에서 찾아 쓰세요.

> 몽골이 재침략하자 처인성에서 백성을 이끌고 몽골군의 총사령관인 살리타를 사살하였다. 이어 충주성에서 노비 문서를 불태우며 노비들의 사기를 높여 성을 지켰다.

✎ 김윤후

도움말 | 김윤후는 처인성 전투에서 몽골군 총사령관을 사살하였고 이후 충주성에서도 몽골군을 물리치는 데 큰 공을 세웠어요.

내용 추론

06 다음 빈칸에 들어갈 알맞은 내용을 쓰세요.

> 몽골의 1차 침략 이후 최씨 정권은 강화도를 임시 수도로 삼고 몽골에 항전하였다. 강화도는 (　　　　)이라는 지형적인 특징이 있다. 그렇기 때문에 초원에서 살아서 바다를 하는 전투에 약한 몽골군을 방어하기에 유리하였다.

✎ 물살이 매우 빠르고 갯벌이 넓게 펼쳐져 있는 섬

---

01 다음 낱말의 뜻을 찾아 선으로 이으세요.

1 구실		㉠ 적에 대항하여 싸움.
2 강화		㉡ 핑계를 삼을 만한 재료
3 항전		㉢ 싸우던 두 편이 싸움을 멈추고 평화로운 상태가 됨.

02 다음 빈칸에 들어갈 낱말을 오른쪽 상자에서 찾아 쓰세요.

① 옛 산 성 터에서 백제 시대의 문화재가 발견되었다. *산 위에 쌓은 성

정 상 성 산

② 노동자들은 임금의 인상을 요 구 하며 단체 행동을 하였다. *받아야 할 것을 달라고 청함.

파 요 업 구

③ 관청에서는 갖가지 명 목 으로 농민에게 많은 세금을 징수하였다. *구실이나 이유

명 예 초 목

03 다음 글에서 밑줄 친 낱말과 바꾸어 쓸 수 있는 낱말은 무엇인가요? [✎ ⑤]

> 1945년 광복 소식이 전해지자 나라 밖에 머물고 있던 많은 동포들이 국내로 돌아왔다. 미국에서 독립운동을 펼친 이승만, 중국에서 대한민국 임시 정부를 이끈 김구 등 대한민국 임시 정부의 주요 인물들이 환국하였다.

① 귀양　　② 유배　　③ 유출　　④ 전이　　⑤ 귀국

글을 읽으면서 중요하다고 생각하는 낱말에 색칠해 보세요.

㉮ 몽골과의 오랜 전쟁으로 고려는 많은 피해를 입었어요. 수많은 백성이 죽거나 몽골에 포로로 끌려가고 국토가 ˚황폐해졌어요. 대구 부인사의 초조대장경과 경주의 황룡사 9층 목탑 등 많은 문화재가 불에 타는 피해를 입기도 하였지요. 강화도로 수도를 옮길 때 최씨 정권이 백성에 대한 ˚대책을 마련해 주지 않은 탓에 산성이나 섬으로 들어간 백성은 몹시 어렵게 생활하였어요. 반면, 최씨 정권은 강화도에서도 사치스러운 생활을 하였어요.

㉯ 강화도가 몽골에 함락되지는 않았지만 ㉠ 육지에서 입은 막대한 피해로 고려는 더 이상 전쟁을 계속하기 어려웠어요. 이러한 상황에서 몽골이 강화를 ˚제안하자 고려 내에서는 몽골의 요구를 받아들이자는 의견이 강해졌어요. 최씨 정권은 몽골과의 싸움을 계속하려 하였지만 결국 무신들은 최씨 정권을 무너뜨리고 몽골과의 강화를 ˚추진하였어요.

㉰ 당시 고려의 ˚태자였던 원종은 몽골의 쿠빌라이를 만나 고려의 독립과 풍속을 이어 나가는 조건으로 몽골과 강화를 맺었어요. 쿠빌라이는 고려의 수도를 다시 개경으로 옮기고, 일본 ˚원정에 필요한 인력과 물자를 바칠 것을 요구하였어요. 무신 정권은 몽골에 저항하려 하였으나 내부에서 다툼이 일어나면서 무너졌어요. 고려의 왕은 몽골로부터 전쟁을 멈추겠다는 약속을 받고 개경으로 ˚환도하였어요.(1270년).

㉱ 무신 정권을 군사적으로 뒷받침하였던 삼별초는 개경으로 돌아가는 데 반대하며 봉기하였어요. 이들은 근거지를 강화도에서 진도로 옮기고 남해안 일대를 장악하였어요. 그러나 고려와 몽골 연합군의 공격으로 진도가 함락되자 남은 세력이 제주도로 이동하였어요. 삼별초는 결국 진압되었고 이로써 몽골과의 40여 년에 걸친 전쟁이 끝나게 되었답니다. 이후 고려는 몽골의 간섭을 받기는 하였지만 독립국의 지위는 유지할 수 있었어요.

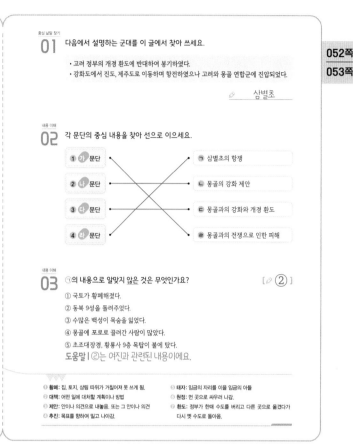

중심 낱말 찾기
01 다음에서 설명하는 군대를 이 글에서 찾아 쓰세요.

052쪽
053쪽

• 고려 정부의 개경 환도에 반대하여 봉기하였다.
• 강화도에서 진도, 제주도로 이동하며 항전하였으나 고려와 몽골 연합군에 진압되었다.

✎ 삼별초

내용 이해
02 각 문단의 중심 내용을 찾아 선으로 이으세요.

① ㉮ 문단 ——— ㉢ 삼별초의 항쟁
② ㉯ 문단 ——— ㉡ 몽골의 강화 제안
③ ㉰ 문단 ——— ㉢ 몽골과의 강화와 개경 환도
④ ㉱ 문단 ——— ㉣ 몽골과의 전쟁으로 인한 피해

내용 이해
03 ㉠의 내용으로 알맞지 않은 것은 무엇인가요? [✎ ②]

① 국토가 황폐해졌다.
② 동북 9성을 돌려주었다.
③ 수많은 백성이 목숨을 잃었다.
④ 몽골에 포로로 끌려간 사람이 많았다.
⑤ 초조대장경, 황룡사 9층 목탑이 불에 탔다.
도움말 | ②는 여진과 관련된 내용이에요.

① 황폐: 집, 토지, 삼림 따위가 거칠어져 못 쓰게 됨.
② 대책: 어떤 일에 대처할 계획이나 방법.
③ 제안: 안이나 의견으로 내놓음. 또는 그 안이나 의견
④ 추진: 목표를 향하여 밀고 나아감.
⑤ 태자: 임금의 자리를 이을 임금의 아들.
⑥ 원정: 먼 곳으로 싸우러 나감.
⑦ 환도: 정부가 한때 수도를 버리고 다른 곳으로 옮겼다가 다시 옛 수도로 돌아옴.

내용 이해
04 다음 내용이 맞으면 ○, 틀리면 ×에 표시하세요.

① 몽골이 고려를 침략하여 강화도를 함락하였다. [○ /Ⓧ] → 강화도는 함락되지 않았어요.
② 최씨 정권은 강화도 천도 후 사치스러운 생활을 하였다. [Ⓞ / ×]
③ 몽골의 쿠빌라이는 고려에 몽골이 일본으로 원정하는 데 필요한 인력과 물자를 바칠 것을 요구하였다. [Ⓞ / ×]

내용 이해
05 다음 ㉠~㉢에 들어갈 알맞은 말을 이 글에서 찾아 쓰세요.

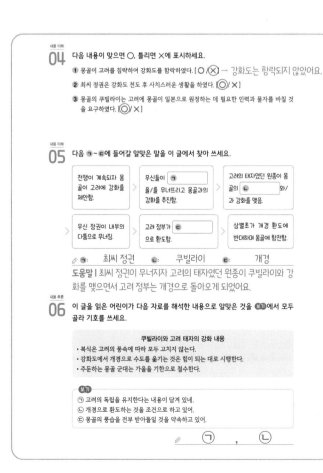

전쟁이 계속되자 몽골이 고려에 강화를 제안함. → 무신들이 ㉠을/를 무너뜨리고 몽골과의 강화를 추진함. → 고려의 태자였던 원종이 몽골의 ㉡와/과 강화를 맺음.

무신 정권이 내부의 다툼으로 무너짐. → 고려 정부가 ㉢으로 환도함. → 삼별초가 개경 환도에 반대하며 몽골에 항전함.

✎ ㉠: 최씨 정권   ㉡: 쿠빌라이   ㉢: 개경
도움말 | 최씨 정권이 무너지자 고려의 태자였던 원종이 쿠빌라이와 강화를 맺으면서 고려 정부는 개경으로 돌아오게 되었어요.

내용 추론
06 이 글을 읽은 어린이가 다음 자료를 해석한 내용으로 알맞은 것을 보기에서 모두 골라 기호를 쓰세요.

쿠빌라이와 고려 태자의 강화 내용
• 복식은 고려의 풍속에 따라 모두 고치지 않는다.
• 강화도에서 개경으로 수도를 옮기는 것은 힘이 되는 대로 시행한다.
• 주둔하는 몽골 군대는 가을을 기한으로 철수한다.

보기
㉠ 고려의 독립을 유지한다는 내용이 담겨 있네.
㉡ 개경으로 환도하는 것을 조건으로 하고 있어.
㉢ 몽골의 풍습을 전부 받아들일 것을 약속하고 있어.

✎ ㉠ , ㉡

01 다음 뜻을 나타내는 낱말을 쓰세요.

054쪽
055쪽

① 목표를 향하여 밀고 나아감. 추 진
② 임금의 자리를 이을 임금의 아들. 태 자
③ 안이나 의견으로 내놓음. 또는 그 안이나 의견. 제 안

02 다음 빈칸에 들어갈 낱말을 찾아 선으로 이으세요.

① 대책 ——— ㉠ 휴전이 성립된 후 정부는 임시 수도 부산에서 서울로 (환도)하였다.
② 원정 ——— ㉡ 국민들은 정부에 환경 문제에 대한 (대책)을/를 세울 것을 요구하였다.
③ 환도 ——— ㉢ 그들은 적국을 치기 위해 (원정)에 나섰다가 태풍을 만나 되돌아왔다.

03 다음 대화의 빈칸에 공통으로 들어갈 낱말로 알맞은 것은 무엇인가요? [✎ ⑤]

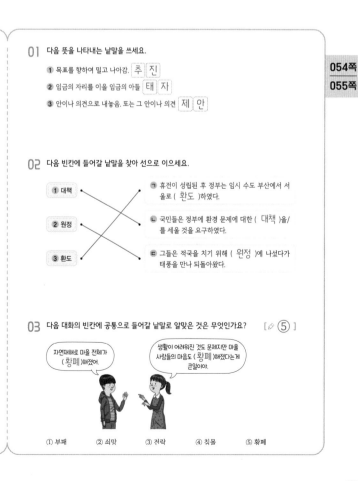

자연재해로 마을 전체가 (황폐)해졌어.

생활이 어려워진 것도 문제지만 마을 사람들의 마음도 (황폐)해졌다는 게 큰일이야.

① 부패   ② 쇠망   ③ 전락   ④ 침몰   ⑤ 황폐

13 원의 간섭과 권문세족의 성장

글을 읽으면서 주요하다고 생각하는 낱말에 색칠해 보세요.

가 몽골과의 전쟁이 끝난 뒤 고려는 독립과 풍습은 유지할 수 있었지만 몽골(원)의 간섭을 받았어요. 원은 일본 원정을 목적으로 고려에 설치한 정동행성을 원정 실패 후에도 계속 두고 이 기구를 통해 고려의 °내정에 간섭하였어요. 고려가 원의 간섭을 받던 이 시기를 원 간섭기라고 해요. 이 시기 원은 서경에 동녕부, 철령 이북에 쌍성총관부, 제주에 탐라총관부를 설치해 고려의 영토 일부를 직접 다스리기도 하였지요. 고려의 국왕은 원의 공주와 혼인하였고, 왕자들은 어린 시절을 원에서 지내며 교육을 받았어요. 고려 왕실의 호칭과 관직 이름도 원에 비해 °격하되어 폐하를 전하로, 태자를 세자로 불렀어요. 국왕은 원에 충성하라는 뜻에서 원 황제로부터 '충(忠)'자가 붙은 °시호를 받았어요. 원은 °조공이라는 이름으로 고려에서 금, 인삼, 사냥용 매 등 많은 특산물을 가져갔고, °공녀와 환관을 뽑아 갔어요. 고려 백성들은 조공을 마련하느라 큰 고통을 겪었답니다.

나 한편, 이 시기 고려와 원의 문화 교류가 활발해지면서 고려에서는 여자들이 쓰는 족두리, 신부 뺨에 찍는 연지, 만두, 소주 등 몽골의 풍습이 유행하였어요. 반면, 몽골에는 고려 의복과 음식 등 고려의 풍습이 전해졌어요.

다 원 간섭기에 원이 고려에 영향력을 행사하면서 국왕이 자주 교체되어 왕권이 약화되었어요. 고려에서는 원과 친한 성향을 가진 이들이 새로운 지배 세력인 권문세족을 형성하여 정치를 주도하였어요. 권문세족 중에는 전부터 세력을 이어 온 가문도 있었지만, 몽골어를 잘해 높은 관직에 오르거나 국왕과 함께 원에서 생활하며 성장한 °측근 세력도 있었어요. 권문세족은 주요 관직을 차지하고, 음서 등의 방법을 이용하여 자손에게 권력을 물려주었어요. 또한 힘으로 남의 땅을 빼앗아 대규모 °농장을 설치하고 남의 노비를 빼앗거나 가난한 백성을 데려다가 땅을 일구게 하였어요. 백성이 노비가 되면서 세금을 낼 사람의 수가 줄자 국가 재정은 어려워졌어요.

---

01 각 문단의 중심 낱말에 ○표 하세요.

가 문단: 원은 [교정도감 / (정동행성)]을 통해 고려의 내정에 간섭하였다.

나 문단: 고려와 [(원) / 거란]의 문화 교류가 활발하였다.

다 문단: 원 간섭기에 [문벌 / (권문세족)]이 성장하였다.

02 다음 지역에 원이 설치한 기구를 선으로 이으세요.

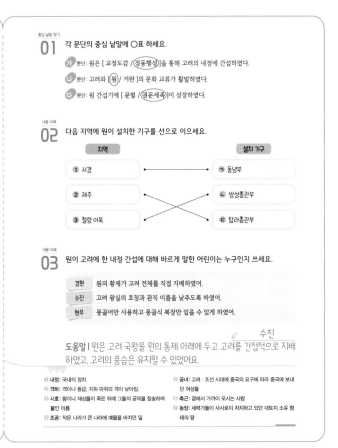

지역		설치 기구
① 서경	—	㉠ 동녕부
② 제주		㉡ 쌍성총관부
③ 철령 이북		㉢ 탐라총관부

03 원이 고려에 한 내정 간섭에 대해 바르게 말한 어린이는 누구인지 쓰세요.

경현 원의 황제가 고려 전체를 직접 지배하였어.

수진 고려 왕실의 호칭과 관직 이름을 낮추도록 하였어.

현우 몽골어만 사용하고 몽골식 복장만 입을 수 있게 하였어.

✏ 수진

도움말 | 원은 고려 국왕을 원의 통제 아래에 두고 고려를 간접적으로 지배하였고, 고려의 풍습은 유지할 수 있었어요.

❶ 내정: 국내의 정치
❷ 격하: 격이나 등급, 지위 따위의 격이 낮아짐.
❸ 시호: 왕이나 재상들이 죽은 뒤에 그들의 공덕을 칭송하여 붙인 이름
❹ 조공: 작은 나라가 큰 나라에 예물을 바치던 일
❺ 공녀: 고려·조선 시대에 중국의 요구에 따라 중국에 보내던 여성
❻ 측근: 곁에서 가까이 모시는 사람
❼ 농장: 세력가들이 사사로이 차지하고 있던 대토지 소유 형태의 땅

---

04 원 간섭기의 고려에서 볼 수 있었던 모습으로 알맞지 않은 것은 무엇인가요?

[✏ ④]

① 뺨에 연지를 찍은 여성
② 만두를 먹고 있는 가족
③ 원에 보낼 사냥용 매를 기르는 남성
④ 귀주에서 거란군에 맞서 싸우는 병사
⑤ 몽골어를 잘해 높은 관직에 오른 관리

도움말 | ④는 귀주 대첩과 관련된 것으로 거란군이 고려를 3차 침입하였을 당시 볼 수 있었던 모습이에요.

05 권문세족의 특징으로 알맞은 것에 ○표 하세요.

원에 적대적이었다. ☐	서경 천도를 주장하였다. ☐
대규모 농장을 소유하였다. ○	
음서로 세력을 확대하였다. ○	새롭게 등장한 무인 세력이다. ☐

06 이 글을 읽은 어린이가 다음 ㉠~㉢과 관련해 추론한 내용으로 알맞지 않은 것은 무엇인가요?

[✏ ③]

㉠충렬왕이 몽골에 있을 때 ㉡윤수가 매와 사냥개로 총애를 얻게 되었다. 왕이 측위하자 윤수는 가족을 데리고 귀국하여 매를 기르던 ㉢응방을 관리하면서 권세를 믿고 제멋대로 악한 일을 하였다.

① ㉠ - 원의 공주와 결혼하였다.
② ㉠ - 원 황제에게 '충'자가 붙은 시호를 받았어.
③ ㉡ - 대표적인 문벌 세력이었어. → 음방의 관리로 권문세족에 속해요.
④ ㉡ - 원의 세력을 배경으로 성장하였어.
⑤ ㉢ - 당시 고려에서는 원에 매를 조공으로 바쳤어.

도움말 | 원 간섭기 고려 국왕은 원의 공주와 혼인하였고, 원 황제로부터 '충'자가 붙은 시호를 받았어요. 이 시기 새로운 지배 세력으로 등장한 권문세족은 원과 친한 성향을 가졌어요.

---

01 다음 낱말의 뜻을 찾아 선으로 이으세요.

① 내정	—	㉠ 국내의 정치
② 시호		㉡ 곁에서 가까이 모시는 사람
③ 측근		㉢ 왕이나 재상들이 죽은 뒤에 그들의 공덕을 칭송하여 붙인 이름

02 다음 빈칸에 공통으로 들어갈 낱말로 알맞은 것은 무엇인가요?

[✏ ②]

「명사」
1. 자격이나 등급, 지위 따위의 격이 낮아짐. 또는 그것을 낮춤.
  • 분노한 임금이 그의 지위를 (격하)하였다.
  • 일제에 의해 창경궁은 창경원으로 (격하)되었다.

① 격상 ② 격하 ③ 낙하 ④ 폭락 ⑤ 하강

03 다음 중 두 낱말의 관계가 ㉠, ㉡의 관계와 같은 것은 무엇인가요?

[✏ ⑤]

원은 고려에 지나치게 많은 ㉠조공을 요구하였다. 고려 백성은 ㉡금, 인삼, 사냥용 매와 같은 특산물을 바쳤고 심지어 공녀까지 보내야 하였다. 이로 인해 고려의 민심이 크게 동요하였다.

① 보통 - 특별 ② 상승 - 하강 ③ 탁구 - 농구
④ 새내기 - 신입생 ⑤ 불교 예술 - 불상

14 공민왕의 개혁 정치

글을 읽으면서 중요하다고 생각하는 낱말에 색칠해 보세요.

가 원 간섭기 고려 국왕들은 원의 간섭을 약화시키기 위하여 노력하였어요. 고려 국왕이 정동행성의 장관을 겸하고 중요한 ❶직책은 비워 두어 내정을 간섭하던 정동행성의 기능을 약화시켰어요. 충렬왕 때에는 ❷외교적 노력을 기울여 원으로부터 동녕부와 탐라총관부를 돌려받기도 하였지요. 원에서 고려의 국호를 없애고 고려를 원이 직접 다스리려는 ❸논의가 일어나자, 고려는 원종과 쿠빌라이의 약속을 근거로 원에 강력히 항의하여 이를 좌절시켰어요. 또한 백성의 삶을 안정시키고 국가 재정을 늘리려 노력하였어요. 하지만 이러한 개혁은 원의 세력을 등에 업은 권문세족의 방해로 좌절되었어요.

나 14세기 중반, 중국 각지에서 일어난 한족의 반란으로 원이 혼란에 빠지면서 쇠퇴하던 시기에 고려에서는 공민왕이 즉위하였어요. 공민왕은 이러한 국제 정세를 이용하여 여러 가지 개혁을 추진하였어요. 우선 ㉠ 원의 간섭을 물리쳐 왕권을 강화하고 자주성을 되찾으려 하였어요. 당시 ❹위세를 떨치던 기씨 ❺일족을 비롯한 친원 세력을 제거하였으며, 몽골의 풍속을 금지하고, 고려의 관제와 ❻복식을 회복하였어요. 또한 내정을 간섭하던 정동행성 이문소를 없애고, 쌍성총관부를 공격하여 철령 이북의 영토를 되찾았어요. 이어 승려 신돈을 등용하여 전민변정도감을 설치하였어요. 이를 통해 권문세족이 불법적으로 빼앗은 토지와 노비를 원래 주인에게 돌려주고 강제로 노비가 된 사람들을 ❼양인으로 해방하였어요. 또한 성균관을 정비하여 개혁을 뒷받침할 세력을 양성하였어요.

다 공민왕이 펼친 개혁 정치는 백성의 큰 환영을 받은 반면 권문세족의 강력한 반발에 부딪혔어요. 또한 홍건적과 ❽왜구가 고려를 침입하면서 개혁을 계속해서 해 나가기 어려웠어요. 결국 신돈이 제거되고 공민왕마저 ❾시해당하면서 개혁은 중단되었답니다.

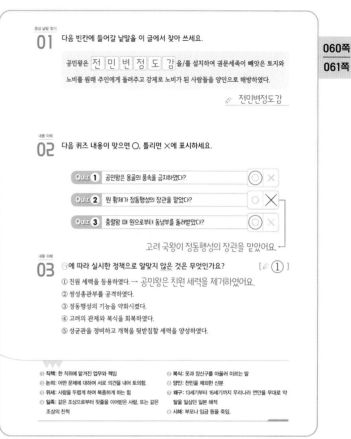

01 다음 빈칸에 들어갈 낱말을 이 글에서 찾아 쓰세요.

> 공민왕은 **전 민 변 정 도 감** 을/를 설치하여 권문세족이 빼앗은 토지와 노비를 원래 주인에게 돌려주고 강제로 노비가 된 사람들을 양인으로 해방하였다.

✎ 전민변정도감

02 다음 퀴즈 내용이 맞으면 ○, 틀리면 ✕에 표시하세요.

Quiz 1 공민왕은 몽골의 풍속을 금지하였다? ○ ✕

Quiz 2 원 황제가 정동행성의 장관을 맡았다? ○ **✕**

Quiz 3 충렬왕 때 원으로부터 동녕부를 돌려받았다? ○ ✕

고려 국왕이 정동행성의 장관을 맡았어요.

03 ㉠에 따라 실시한 정책으로 알맞지 않은 것은 무엇인가요? [✎ ①]

① 친원 세력을 등용하였다. → 공민왕은 친원 세력을 제거하였어요.
② 쌍성총관부를 공격하였다.
③ 정동행성의 기능을 약화시켰다.
④ 고려의 관제와 복식을 회복하였다.
⑤ 성균관을 정비하고 개혁을 뒷받침할 세력을 양성하였다.

❶ **직책**: 한 직위에 맡겨진 업무와 책임
❷ **논의**: 어떤 문제에 대하여 서로 의견을 내어 토의함.
❹ **위세**: 사람을 두렵게 하여 복종하게 하는 힘
❺ **일족**: 같은 조상으로부터 핏줄을 이어받은 사람, 또는 같은 조상의 친척
❻ **복식**: 옷과 장신구를 아울러 이르는 말
❼ **양인**: 천민을 제외한 신분
❽ **왜구**: 13세기부터 16세기까지 우리나라 연안을 무대로 약탈을 일삼던 일본 해적
❾ **시해**: 부모나 임금 등을 죽임.

---

04 다음 질문에 잘못 답한 어린이는 누구인지 쓰세요.

> 공민왕의 개혁 정치가 실패하게 된 이유는 무엇인가요?

누리 공민왕이 시해 당하였어요.
서진 백성의 반발에 부딪혔어요.
진영 신돈이 제거 되었어요.

✎ 서진

05 다음 밑줄 친 '국제 정세'의 내용을 이 글에서 찾아 쓰세요.

> 공민왕은 즉위 후 원의 간섭에서 벗어나 고려의 자주성을 회복하기 위한 반원 정책을 실시하였다. 또한 내정을 개혁하여 왕권을 강화하려 하였다. 공민왕은 14세기 중반의 국제 정세를 이용하여 이와 같은 개혁 정치를 추진할 수 있었다.

✎ 중국 각지에서 일어난 한족의 반란으로 원이 쇠퇴하였다.

06 신돈이 다음과 같은 개혁을 펼친 배경으로 알맞은 것은 무엇인가요? [✎ ⑤]

> **#03 공민왕과 신돈의 대화**
> • 공민왕: 짐이 개혁 의지를 밝히고 그대에게 일을 맡겼다. 어떤 일들이 진행되고 있나?
> • 신돈: 전민변정도감을 설치하여 권세가들이 차지하고 있던 토지와 노비를 원래 주인에게 돌려주고 있사옵니다.

① 문벌들이 주요 관직을 독차지하였다.
② 천주교가 부녀자 사이에 널리 퍼졌다.
③ 무신들이 문신들에 비해 차별을 받았다.
④ 진골 귀족 간에 권력 다툼이 치열하였다.
⑤ 권문세족이 강제로 사람들을 노비로 삼았다.

도움말 | 나 문단을 보면 권문세족이 권력을 이용해 강제로 토지를 빼앗고 사람들을 노비로 삼자 공민왕이 신돈을 등용하여 전민변정도감을 설치하였음을 알 수 있어요.

---

01 다음 뜻을 나타내는 낱말에 ○표 하세요.

① 천민을 제외한 신분 [문벌 / (양인)]
② 옷과 장신구를 아울러 이르는 말 [(복식) / 충복]
③ 같은 조상으로부터 핏줄을 이어받은 사람, 또는 같은 조상의 친척 [세족 / (일족)]

02 다음 문장의 빈칸에 들어갈 낱말을 **보기**에서 찾아 쓰세요.

> **보기**
> 논의   시해   왜구   직책

① 그는 국회의원으로서의 (직책)을/를 내려놓았다.
② 마을 사람들이 의병을 조직하여 (왜구)을/를 물리쳤다.
③ 일제에 의해 조선의 명성 황후가 (시해)되는 사건이 일어났다.
④ 주요 인사들이 모여 사회 복지 정책에 대한 (논의)을/를 진행할 예정이다.

03 다음 글에서 밑줄 친 낱말과 바꾸어 쓸 수 있는 낱말은 무엇인가요? [✎ ①]

> 이 판사 댁은 대대로 마을 대부분의 땅을 소유하고 있는 부자였다. 사람들을 함부로 데려다가 부려도 관청에서도 어쩌지 못하였고 나는 새도 떨어뜨린다는 말을 할 정도로 권세가 대단하였다.

① 위세   ② 도의   ③ 신뢰   ④ 신의   ⑤ 효력

060쪽 061쪽

062쪽 063쪽

064쪽
065쪽

글을 읽으면서 중요하다고 생각하는 낱말에 색칠해 보세요.

㉮ 고려 공민왕이 개혁 정치의 하나로 성균관을 정비하고 유교 교육을 강화하는 과정에서 새로운 정치 세력인 신진 사대부가 형성되었어요. 원 간섭기에는 원에서 활동하는 고려의 학자들이 많았는데 이들을 통해 ①성리학이 고려에 전해졌어요. 신진 사대부들은 ②명분과 도덕을 중요시하는 성리학을 받아들여 사상적 기반으로 삼았어요. 신진 사대부들은 대부분 하급 관리나 지방 향리의 자제였으며, 일부 권문세족 출신도 있었어요. 주로 과거에 합격하여 관리가 되었고, 유교 지식과 행정 ③실무 능력을 바탕으로 성장하였어요. 이들은 점차 독자적인 정치 세력을 형성하여 권문세족의 비리를 비판하고 견제하였어요. 또한 원과 명이 교체되던 시기에 원과의 관계를 끊고 명과 화친할 것을 주장하였어요. 이들은 명에 가서 사신의 역할을 성공적으로 ④수행하여 입지를 넓히기도 하였어요.

㉯ 공민왕이 개혁을 추진하던 때에는 홍건적과 왜구가 고려에 자주 침입하였어요. 홍건적은 원이 쇠약해진 틈을 타 반란을 일으킨 한족 농민군이었어요. 이들은 머리에 붉은 두건을 묶었기 때문에 홍건적이라고 불렸어요. 홍건적의 일부는 고려에 침입하여 고려 백성을 괴롭혔어요. 한때 개경을 함락하기도 하였으나 고려의 무인들이 반격하여 이들을 물리쳤어요. 한편, 남쪽에서는 왜구가 쳐들어와 마을을 불 지르고 ⑤노략질하였어요. 왜구는 남쪽 해안 지방을 약탈하다가 점차 ⑥내륙 지방과 개경 근처까지 침입하였어요. 이로 인해 해안 지방이 황폐해지고 바닷길을 통한 조세의 운반이 어려워져 국가 재정이 궁핍해졌어요. 이 시기에 성장한 대표적인 ⑦신흥 무인 세력으로 최영과 이성계가 있어요. 최영과 이성계는 육지에 들어온 왜구를 크게 무찔렀어요. 최무선은 중국에서 화약 기술을 배워와 화포를 제작하여 왜구의 배를 불살랐어요. 홍건적과 왜구를 격퇴하는 과정에서 큰 공을 세운 무인들은 백성의 ⑧신망을 얻었어요.

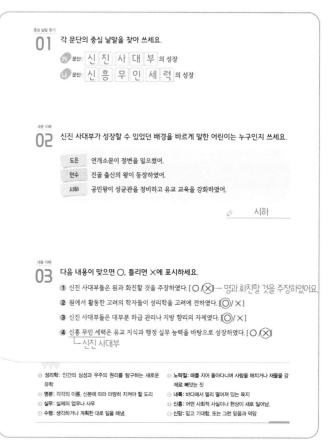

중심 낱말 찾기

01 각 문단의 중심 낱말을 찾아 쓰세요.

㉮ 문단: 신진 사대부 의 성장

㉯ 문단: 신흥 무인 세력 의 성장

내용 이해

02 신진 사대부가 성장할 수 있었던 배경을 바르게 말한 어린이는 누구인지 쓰세요.

도온 | 연개소문이 정변을 일으켰어.

민수 | 진골 출신의 왕이 등장하였어.

시하 | 공민왕이 성균관을 정비하고 유교 교육을 강화하였어.

✏ 시하

내용 이해

03 다음 내용이 맞으면 ○, 틀리면 ✕에 표시하세요.

1 신진 사대부들은 원과 화친할 것을 주장하였다. [○/✕] → 명과 화친할 것을 주장하였어요.

2 원에서 활동한 고려의 학자들이 성리학을 고려에 전하였다. [○/✕]

3 신진 사대부들은 대부분 하급 관리나 지방 향리의 자제였다. [○/✕]

4 신흥 무인 세력은 유교 지식과 행정 실무 능력을 바탕으로 성장하였다. [○/✕]
└ 신진 사대부

① 성리학: 인간의 심성과 우주의 원리를 탐구하는 새로운 유학
② 명분: 각각의 이름, 신분에 따라 마땅히 지켜야 할 도리
③ 실무: 실제의 업무나 사무
④ 수행: 생각하거나 계획한 대로 일을 해냄.
⑤ 노략질: 떼를 지어 돌아다니며 사람을 해치거나 재물을 강제로 빼앗는 짓
⑥ 내륙: 바다에서 멀리 떨어져 있는 육지
⑦ 신흥: 어떤 사회적 사실이나 현상이 새로 일어남.
⑧ 신망: 믿고 기대함. 또는 그런 믿음과 덕망

066쪽
067쪽

내용 이해

04 신흥 무인 세력에 대한 설명으로 알맞지 <u>않은</u> 것은 무엇인가요? [✏ ②]

① 고려 말 백성의 신망을 얻어 성장하였다.
② 농민 반란군으로, 머리에 붉은 두건을 묶었다.
③ 최무선은 화포를 제작하여 왜구의 배를 불살랐다.
④ 홍건적과 왜구를 격퇴하는 과정에서 큰 공을 세웠다.
⑤ 최영과 이성계는 육지에 들어온 왜구를 크게 무찔렀다.

도움말 | ② 홍건적에 대한 설명이에요. 신흥 무인 세력은 고려에 침입한 홍건적을 격퇴하였어요.

내용 이해

05 다음 특징을 지닌 세력에 ○표 하세요.

특징	신진 사대부	신흥 무인 세력
① 명에 사신으로 가서 활약하였다.	○	
② 왜구를 격퇴하는 데 공을 세웠다.		○
③ 개경에 침입한 홍건적을 물리쳤다.		○
④ 유교 지식, 행정 실무 능력을 갖추었다.	○	

내용 추론

06 다음 일기를 쓴 인물이 속한 정치 세력에 대해 추론한 내용으로 알맞은 것은 무엇인가요? [✏ ④]

나는 하급 관리의 자제로 태어나 유년 시절 과거 공부에 힘썼어요. 과거에 합격하여 중앙의 관리가 된 이후 국왕께서 실시하는 개혁에 참여할 수 있게 되었답니다. 권문세족이 저지른 비리를 파헤쳐 견제하는 것이 요즘 내가 하는 일입니다.

① 원에 기대어 성장하였다.
② 국가로부터 녹읍을 받았다.
③ 음서와 공음전의 혜택을 누렸다.
④ 성리학을 사상적 기반으로 삼았다.
⑤ 외적을 격퇴하는 과정에서 백성의 신망을 얻었다.

도움말 | 일기를 쓴 인물은 신진 사대부에 속해요. 신진 사대부는 성리학을 사상적 기반으로 삼았어요.

01 다음 낱말의 뜻을 찾아 선으로 이으세요.

1 내륙 ● ● ㉠ 바다에서 멀리 떨어져 있는 육지

2 수행 ● ● ㉡ 생각하거나 계획한 대로 일을 해냄.

3 신흥 ● ● ㉢ 어떤 사회적 사실이나 현상이 새로 일어남.

02 다음 밑줄 친 낱말의 뜻을 보기에서 찾아 기호를 쓰세요.

보기
㉠ 실제의 업무나 사무
㉡ 각각의 이름이나 신분에 따라 마땅히 지켜야 할 도리
㉢ 떼를 지어 돌아다니며 사람을 해치거나 재물을 강제로 빼앗는 것

1 사대부들은 물질보다는 <u>명분</u>을 중시하였다. (㉡)

2 그 사람은 풍부한 <u>실무</u> 경험을 가지고 있었다. (㉠)

3 요즘 들어 각 마을을 돌아다니며 <u>노략질</u>을 하는 산적들이 극성을 부린다. (㉢)

03 다음 대화의 빈칸에 공통으로 들어갈 낱말로 알맞은 것은 무엇인가요? [✏ ④]

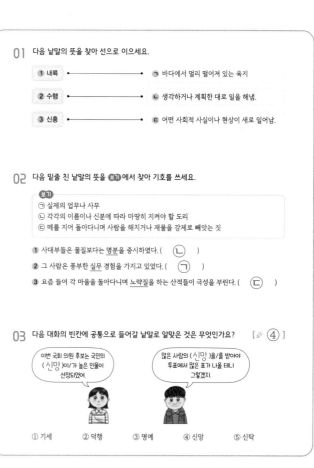

이번 국회 의원 후보는 국민의 (신망)이/가 높은 인물이 선정되었어.

많은 사람의 (신망)을/를 받아야 투표에서 많은 표가 나올 테니 그렇겠지.

① 기세 ② 덕행 ③ 명예 ④ 신망 ⑤ 신탁

16 고려의 신분제와 가족 제도

글을 읽으면서 중요하다고 생각하는 낱말에 색칠해 보세요.

가 고려의 신분은 크게 양인과 천인으로 나뉘었어요. 양인 중 문무 관리, 향리 등이 국가의 지배층을 이루었어요. 양인의 대부분은 군현에 거주하는 농민들이었는데, 이들은 백정이라 불렸어요. 백정은 국가에 세금과 특산물, 노동력을 바쳤어요. 원칙상 과거에 응시할 수 있었지만 현실적으로 생계를 이어 가며 과거 시험을 준비하기에는 어려움이 있었어요. 천인의 대다수를 차지한 것은 노비였어요. 노비는 중요한 재산으로 여겨져 °매매, °증여, 상속의 대상이 되었어요. 부모 중 한 명이 노비이면 그 자녀도 노비가 되었답니다.

나 고려의 혼인 제도는 °일부일처제가 일반적이었고 대부분 같은 신분 내에서 혼인이 이루어졌어요. 신랑이 신부 집에 가서 혼인식을 치르고 혼인 후 신부 집에서 계속 사는 일이 많았어요. 혼인한 남성과 여성은 모두 이혼을 요구할 수 있었어요. 부부 중 한쪽이 사망하면 재혼하는 것을 당연하게 여겨 재혼한 여성의 자녀도 차별을 받지 않았답니다.

다 고려의 가족 제도에서 남성과 여성의 관계는 비교적 수평적이었어요. 가족과 °친족은 성별에 관계없이 부부 각자의 혈연이 중심이 되었답니다. 부부는 각자 자신의 재산을 가지고 있다가 아들, 딸 상관없이 균등하게 나누어 주었고 자녀가 없으면 각자의 친족에게 재산을 상속하였어요. °호적에는 태어난 순서대로 적어 남녀 간에 차별을 두지 않았고, °족보에도 친손과 외손을 모두 기록하였어요. °상복 제도에서도 아버지 쪽과 어머니 쪽의 차이가 크지 않았으며 죽은 사람을 기리는 기간도 동일하였어요. 어머니도 °호주가 될 수 있었고, 어머니 쪽 조상에 힘입어 사위와 외손자가 음서의 혜택을 받을 수 있었어요. 그리고 호칭에서 아버지 쪽과 어머니 쪽을 구분하지 않았어요. 이에 따라 친조부와 외조부를 모두 '한아비(할아비)'라고 불렀고 큰아버지와 작은아버지, 외삼촌은 모두 '아자비', 고모와 이모를 모두 '아자미'로 불렀어요.

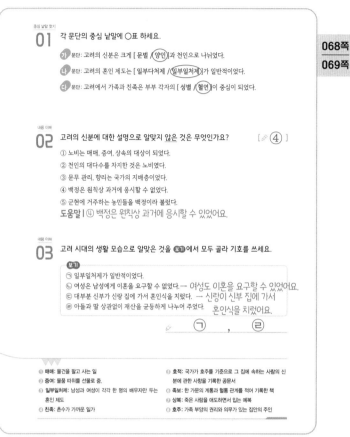

중심 낱말 찾기

01 각 문단의 중심 낱말에 ○표 하세요.

068쪽
069쪽

가 문단: 고려의 신분은 크게 [문벌 /(양인)]과 천인으로 나뉘었다.

나 문단: 고려의 혼인 제도는 [일부다처제 /(일부일처제)]가 일반적이었다.

다 문단: 고려에서 가족과 친족은 부부 각자의 [성별 /(혈연)]이 중심이 되었다.

내용 이해

02 고려의 신분에 대한 설명으로 알맞지 않은 것은 무엇인가요? [✎ ④]

① 노비는 매매, 증여, 상속의 대상이 되었다.
② 천인의 대다수를 차지한 것은 노비였다.
③ 문무 관리, 향리는 국가의 지배층이었다.
④ 백정은 원칙상 과거에 응시할 수 없었다.
⑤ 군현에 거주하는 농민들을 백정이라 불렀다.

도움말 | ④ 백정은 원칙상 과거에 응시할 수 있었어요.

내용 이해

03 고려 시대의 생활 모습으로 알맞은 것을 **보기**에서 모두 골라 기호를 쓰세요.

보기
ⓛ 일부일처제가 일반적이었다.
ⓛ 여성은 남성에게 이혼을 요구할 수 없었다. → 여성도 이혼을 요구할 수 있었어요.
ⓒ 대부분 신부가 신랑 집에 가서 혼인식을 치렀다. → 신랑이 신부 집에 가서 혼인식을 치렀어요.
ⓔ 아들과 딸 상관없이 재산을 균등하게 나누어 주었다.

✎ ㉠ , ㉣

ⓛ **매매**: 물건을 팔고 사는 일
ⓛ **증여**: 물품 따위를 선물로 줌.
ⓒ **일부일처**: 남성과 여성이 각각 한 명의 배우자만 두는 혼인 제도
ⓔ **친족**: 촌수가 가까운 일가
ⓕ **호적**: 국가가 호주를 기준으로 그 집에 속하는 사람의 신분에 관한 사항을 기록한 공문서
ⓖ **족보**: 한 가문의 계통과 혈통 관계를 적어 기록한 책
ⓗ **상복**: 죽은 사람을 애도하면서 입는 예복
ⓘ **호주**: 가족 부양의 권리와 의무가 있는 집안의 주인

내용 이해

04 고려 시대의 여성에 대한 설명이 맞으면 ○, 틀리면 ×에 표시하세요.

① 집안의 호주가 될 수 없었다. [○ / (×)] → 집안의 호주가 될 수 있었어요.
② 자신의 재산을 가질 수 있었다. [(○)/ ×]
③ 호적에 태어난 순서대로 기록되었다. [(○)/ ×]
④ 배우자가 사망하면 재혼할 수 있었다. [(○)/ ×]

내용 이해

05 다음 호칭을 고려 시대에는 어떻게 불렸는지 **보기**에서 찾아 쓰세요.

보기
아자미   아자비   한아비

① 고모, 이모 ✎ 아자미
② 친조부, 외조부 ✎ 한아비
③ 큰아버지, 작은아버지, 외삼촌 ✎ 아자비

내용 추론

06 다음 사례를 읽고 고려 시대 가족 제도의 특징을 바르게 말한 어린이는 누구인지 쓰세요.

• 고려에서는 족보에 친손과 외손을 모두 기록하였다.
• 고려의 상복 제도에서 아버지 쪽과 어머니 쪽의 차이가 크지 않았다.
• 고려 시대에는 어머니 쪽 조상에 힘입어 음서의 혜택을 받을 수 있었다.

솔이 : 고려에서 가족과 친족은 성별이 중심이 되었어.
주아 : 고려 시대에는 아버지 쪽을 중심으로 가족 제도가 운영되었어.
재윤 : 고려의 가족 제도에서 남성과 여성은 비교적 평등한 관계를 유지하였어.

✎ 재윤

도움말 | 다 문단의 내용을 통해 고려의 가족 제도에서 남성과 여성의 관계가 비교적 수평적이었음을 알 수 있어요.

---

01 다음 뜻을 나타내는 낱말에 ○표 하세요.

070쪽
071쪽

① 물품 따위를 선물로 줌. [매수 /(증여)]
② 가족 부양의 권리와 의무가 있는 집안의 주인 [호장 /(호주)]
③ 한 가문의 계통과 혈통 관계를 적어 기록한 책 [(족보)/ 족적]

02 다음 빈칸에 들어갈 낱말을 찾아 선으로 이으세요.

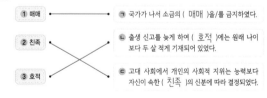

① 매매 — ㉠ 국가가 나서 소금의 (매매)을/를 금지하였다.
② 친족 — ㉡ 출생 신고를 늦게 하여 (호적)에는 원래 나이보다 두 살 적게 기재되어 있다.
③ 호적 — ㉢ 고대 사회에서 개인의 사회적 지위는 능력보다 자신이 속한 (친족)의 신분에 따라 결정되었다.

03 '상복'이 다음과 같은 뜻으로 쓰인 문장이 아닌 것은 무엇인가요? [✎ ③]

죽은 사람을 애도하면서 입는 예복

① 항생제의 지나친 상복은 건강에 좋지 않다.
② 이 옷은 왕이 평상시 집무를 할 때에 입던 상복이다.
③ 우리 형제들은 할머니의 장례를 마친 뒤 상복을 벗었다.
④ 그 학생은 상복이 없는 편인지 이번에도 입상하지 못하였다.
⑤ 일출을 보며 한 해 동안 부모님댁에 상복이 충만하기를 기원하였다.

불교와 유학의 발달

글을 읽으면서 중요하다고 생각하는 낱말에 색칠해 보세요.

가 고려 시대에는 불교를 장려하여 왕실부터 일반 백성에 이르기까지 널리 불교를 믿었어요. 고려는 스승이 될 만한 승려에게 국사, 왕사의 칭호를 내렸고, 연등회를 비롯한 불교 행사를 매년 큰 규모로 열었어요. 고려에서는 왕자나 귀족 가문의 자제가 승려가 되는 것이 흔한 일이기도 하였답니다. 정부는 승려에게 *면역의 혜택을 주었고, 사원에는 토지를 주기도 하였어요.

나 고려 중기에는 불교의 여러 종파 간 대립이 심해졌어요. 이에 의천은 *교단 통합 운동을 벌였어요. 화엄종을 중심으로 교종을 통합하고자 하였고 이어 천태종을 *창시하여 교종의 입장에서 선종을 합치려 하였지요. 그러나 의천이 죽은 뒤 교단은 다시 나뉘게 되었답니다. 무신 집권기에 지눌은 불교의 *세속화를 비판하고, 수선사를 중심으로 불교 개혁 운동을 펼쳤어요. 또한 선종을 중심으로 교종을 *포용하여 선종과 교종이 조화를 이루고자 하였어요.

다 원 간섭기에 이르러 불교계의 개혁 의지는 점차 사라졌어요. 불교계는 권문세족과 연결되어 막대한 토지와 노비를 소유하였고, 승려들은 부처의 가르침을 실천하기보다는 후원자의 복을 비는 데 집중하는 등 *폐단을 드러냈어요.

라 고려는 정치나 교육 등에서 대체로 유학 사상을 따랐어요. 과거제를 실시하여 유학에 밝은 인재를 관리로 등용하였으며, 개경에는 국자감을 설치하고 지방에는 향교를 두어 유교 경전과 역사서를 가르쳤어요. 문벌이 성장하면서 점차 시나 문장을 짓는 능력을 더욱 중시하였고 유명한 유학자들이 세운 *사립 학교가 번성하였어요.

마 고려 후기에는 원으로부터 성리학을 받아들였어요. 성리학은 고려 사회의 여러 문제점을 해결하기 위한 개혁 사상으로 여겨졌어요. 성리학을 수용한 신진 사대부는 불교의 폐단을 비판하였고, 이후 불교가 쇠퇴하고 성리학이 새로운 지도 이념으로 자리 잡았어요.

중심 낱말 찾기

01 각 문단의 중심 낱말을 찾아 쓰세요.

가 문단: 고려 시대의 [불][교] 장려

나 문단: [의][천] 과 지눌의 활동

다 문단: 원 간섭기 불교계의 [폐][단]

라 문단: 고려 시대의 [유][학] 교육

마 문단: 고려 후기 [성][리][학] 의 수용

내용 이해

02 이 글의 내용과 일치하지 않는 것은 무엇인가요? [✐ ⑤]

① 고려 시대에는 불교를 장려하였다.
② 고려에서는 연등회라는 행사가 열렸다.
③ 고려 시대에는 국사, 왕사 제도가 있었다.
④ 고려 시대의 승려는 면역의 혜택을 누렸다.
⑤ 고려에서는 왕자가 승려가 되는 것을 법으로 금지하였다.

도움말 | ⑤ 고려에서는 왕자나 귀족 가문의 자제가 승려가 되는 일이 흔하였어요.

내용 이해

03 다음 빈칸에 들어갈 말을 이 글에서 찾아 쓰세요.

의천은 [화][엄][종] 을/를 중심으로 교종을 통합하고 천태종을 창시하여 교종의 입장에서 선종을 통합하려 하였다.

✐ 화엄종

① **면역**: 병역과 부역에서 면제해 줌.
② **교단**: 같은 종교상의 가르침을 믿는 사람들의 종교 단체
③ **창시**: 어떤 사상, 학설 따위를 처음으로 시작하거나 내세움.
④ **세속화**: 세상의 일반적인 풍속을 따르거나 또는 거기에 물들어 감.
⑤ **포용**: 남을 너그럽게 감싸 주거나 받아들임.
⑥ **폐단**: 어떤 일이나 행동에서 나타나는 옳지 못한 경향.
⑦ **사립**: 개인이 자신의 자금으로 공익의 사업 기관을 설립하여 유지함.

내용 이해

04 지눌의 활동에 대해 바르게 말한 어린이는 누구인지 쓰세요.

경희 수선사를 중심으로 불교를 개혁하려 하였어.

도연 교종의 입장에서 선종을 하나로 합치려 하였어. → 의천의 활동이에요.

우석 사립 학교를 세워 유학에 밝은 인재를 양성하려 하였어. → 유학자의 활동이에요.

✐ 경희

내용 이해

05 원 간섭기 불교계의 모습으로 알맞은 것은 무엇인가요? [✐ ⑤]

① 의천이 천태종을 창시하였다. → 고려 중기
② 원효가 화쟁 사상을 주장하였다. → 통일 이후 신라
③ 지눌이 선종을 중심으로 교종을 포용하려 하였다. → 무신 집권기
④ 의상이 신라 화엄종을 개창하고 부석사를 건립하였다. → 통일 이후 신라
⑤ 사찰이 권문세족과 연결되어 막대한 토지를 소유하였다.

내용 이해

06 이 글의 내용과 일치하도록 괄호 안의 낱말 중 알맞은 것에 ○표 하세요.

① 고려는 개경에 [태학 / (국자감)]을 설치하여 유교 경전을 가르쳤다.

② 고려에서는 [무신 / (문벌)]이 성장하면서 유명한 유학자들이 세운 사립 학교가 번성하였다.

내용 추론

07 다음 학습 목표를 달성한 어린이가 할 수 있는 설명으로 알맞은 내용을 쓰세요.

학습 목표: 고려 후기에 원으로부터 성리학을 수용한 것이 고려 사회에 미친 영향을 설명할 수 있다.

✐ 신진 사대부들이 성리학을 개혁 사상으로 수용하면서 불교가 쇠퇴하고 성리학이 새로운 지도 이념으로 자리 잡았어요.

---

01 다음 뜻을 나타내는 낱말을 쓰세요.

① 어떤 일이나 행동에서 나타나는 옳지 못한 경향 [폐][단]

② 세상의 일반적인 풍속을 따르거나 또는 거기에 물들어 감. [세][속][화]

③ 개인이 자신의 자금으로 공익의 사업 기관을 설립하여 유지함. [사][립]

02 다음 빈칸에 들어갈 낱말을 오른쪽 상자에서 찾아 쓰세요.

① [교][단] *의 문제가 드러나면서 신도 수가 크게 줄었다. *같은 종교상의 가르침을 믿는 사람들의 종교 단체

② 나인영은 나철이라 이름을 바꾸고 대종교를 [창][시] *하였다. *어떤 사상, 학설 따위를 처음으로 시작하거나 내세움.

③ 남한과 북한 사이에 필요한 것은 화해와 [포][용] *의 자세이다. *남을 너그럽게 감싸 주거나 받아들임.

(단) (교) (리) (정)
(창) (공) (업) (시)
(용) (포) (수) (갈)

03 다음 글에서 밑줄 친 내용과 바꾸어 쓸 수 있는 낱말은 무엇인가요? [✐ ②]

조선 후기에는 서원들이 지방 양반들의 세력 기반이 되어 각종 역에서 제외되는 특권을 누렸다. 흥선 대원군이 서원을 없애면서 국가 재정이 늘고 민생이 안정되자 백성은 이를 크게 환영하였으나 지방 양반들은 강력히 반발하였다.

① 고역 ② 면역 ③ 부역 ④ 중역 ⑤ 하역

18 고려의 인쇄술 발달

글을 읽으면서 중요하다고 생각하는 낱말에 색칠해 보세요.

㉮ 고려 사람들은 나라에 큰일이 생기면 부처의 힘에 의지해 어려움을 극복하려고 했어요. 고려는 거란의 침입을 받았을 때 처음 ①대장경을 만들었는데 이를 초조대장경이라고 불러요. 하지만 몽골의 침입으로 초조대장경이 불타 없어지게 되었답니다. 이에 고려인들은 부처의 힘으로 몽골의 침입을 이겨 내고자 다시 대장경을 ②간행하였어요. 이 대장경의 정식 이름은 고려대장경이지만 흔히 팔만대장경이라고 불러요. 팔만대장경은 초조대장경을 바탕으로 송, 거란의 대장경을 발전시켜 만들었는데 지금까지 전해지는 대장경 중 완성도가 가장 높아요. 팔만대장경에는 1,500여 종의 불교 ③경전 내용이 담겨 있어 고려 불교 문화의 높은 수준을 알려 주지요. 팔만대장경판은 ④목판 8만여 장에 불경을 새긴 것인데 글자 모양이 고르고 틀린 글자도 거의 없어요. 이를 통해 고려의 인쇄술이 매우 뛰어났음을 알 수 있어요. 팔만대장경판은 현재 유네스코 세계 기록 ⑤유산으로 ⑥등재되어 있으며, 이를 보관하고 있는 해인사 장경판전도 유네스코 세계 유산으로 등재되어 있어요.

㉯ 고려에서는 목판 인쇄가 시간과 비용이 많이 들고 보관이 어렵다는 문제점을 해결하기 위해 금속 ⑦활자를 만들었어요. 금속 활자 인쇄는 필요한 활자를 한 글자씩 만들어 두었다가 이를 인쇄판에 늘어놓고 찍어 내는 방식이에요. 이를 이용하면 여러 종류의 책을 빠르게 만들 수 있지요. 그러나 금속 활자를 만드는 기술뿐만 아니라 먹과 종이를 만드는 기술 등도 함께 발달해야 해서 쉽게 발전하기 어려운 기술이었어요. 고려에서는 인쇄술 개발에 힘을 기울인 결과 세계 최초로 금속 활자를 발명할 수 있었어요. 오늘날 전해지는 금속 활자 인쇄본 중 가장 오래된 것은 「직지심체요절」이에요. 1377년 청주 흥덕사에서 인쇄하였으며 유럽에서 금속 활자로 인쇄된 책보다 70여 년 이상 앞서 제작되었어요. 이 책은 불교의 가르침 중에서 깨달음에 관한 내용을 정리한 것으로 유네스코 세계 기록 유산으로 등재되었어요.

중심 낱말 찾기

01 각 문단의 중심 낱말에 ○표 하세요.

㉮ 문단: 몽골의 침입을 받자 고려인들은 [초조대장경 / (팔만대장경)]을 간행하였다.

㉯ 문단: [(직지심체요절) / 무구정광대다라니경]은 오늘날 전해지는 금속 활자 인쇄본 중 가장 오래된 것이다.

내용 이해

02 다음 내용이 맞으면 ○, 틀리면 ✕에 표시하세요.

① 팔만대장경의 정식 이름은 고려대장경이다. [○ / ✕]

② 해인사 장경판전은 유네스코 세계 유산으로 등재되었다. [○ / ✕]

③ 고려가 거란의 침입을 받았을 당시 초조대장경이 불타 없어졌다. [○ / ✕]
　　　　　　└ 몽골

내용 이해

03 팔만대장경에 대한 설명으로 알맞은 것은 무엇인가요? [✎ ③]

① 우리나라에서 최초로 만든 대장경이다.
② 혜초가 인도와 중앙아시아 순례 후 기록한 책이다.
③ 유네스코 세계 기록 유산으로 등재된 고려의 대장경이다.
④ 오늘날 전하는 금속 활자 인쇄본 중 가장 오래된 것이다.
⑤ 경주 불국사 3층 석탑에서 발견된 두루마리 형식의 불경이다.

도움말 | ㉮ 문단을 보면 팔만대장경을 새긴 경판이 현재 유네스코 세계 기록 유산에 등재되었음을 알 수 있어요.

① 대장경: 부처의 가르침인 불교 경전을 모두 모아 놓은 것
② 간행: 책 따위를 인쇄하여 발행함.
③ 경전: 종교의 교리를 적은 책
④ 목판: 나무에 글이나 그림 따위를 새긴 인쇄용 판
⑤ 유산: 앞 세대가 물려준 사물 또는 문화
⑥ 등재: 일정한 사항을 장부나 대장에 올림.
⑦ 활자: 네모기둥 모양의 금속 위에 낱개 문자나 기호를 볼록 튀어나오게 새긴 것

내용 이해

04 금속 활자 인쇄술에 대한 설명으로 알맞지 <u>않은</u> 것은 무엇인가요? [✎ ④]

① 여러 종류의 책을 빠르게 만들 수 있다.
② 고려에서 세계 최초로 금속 활자를 발명하였다.
③ 필요한 활자를 한 글자씩 만들어 두었다가 인쇄한다.
④ 목판에 새기는 기술이 함께 발달해야 하는 어려운 기술이다.
⑤ 인쇄판에 미리 만들어 둔 활자를 늘어놓고 찍어 내는 방식이다.

도움말 | ④는 목판 인쇄에 대한 설명이에요.

내용 이해

05 「직지심체요절」의 특징에 대해 바르게 말한 어린이는 누구인지 쓰세요.

누리 | 기록만 남아 있고 현재 전하지 않고 있어.
도현 | 유럽에서 제작된 금속 활자 인쇄본 다음으로 오래되었어.
아영 | 고려 시대에 청주 흥덕사에서 인쇄된 금속 활자 인쇄본이야.

✎ 아영

내용 추론

06 다음 대화를 읽고, (가)에 들어갈 알맞은 내용을 쓰세요.

주말에 해인사 장경판전에 있는 팔만대장경판을 실제로 보고 왔어.

와, 우리 수업 시간에 배웠잖아. 16년에 걸쳐 8만여 장을 만들었다고 했었는데!!

근데 고려인들은 왜 이렇게 엄청난 규모의 대장경을 만든 거래?

(가)

✎ 부처의 힘으로 몽골의 침입을 이겨 내고자 팔만대장경을 만들었어.

---

01 다음 낱말의 뜻을 찾아 선으로 이으세요.

1 경전 ——— ㉠ 종교의 교리를 적은 책

2 활자 ——— ㉡ 나무에 글이나 그림 따위를 새긴 인쇄용 판

3 목판 ——— ㉢ 네모기둥 모양의 금속 위에 낱개 문자나 기호를 볼록 튀어나오게 새긴 것

02 다음 글의 밑줄 친 '유산'의 뜻을 보기에서 찾아 기호를 쓰세요.

조선 후기 풍속화가들이 남긴 그림은 우리 민족 문화의 <u>유산</u>으로 남았다.

보기
㉠ 재산이 많이 있음.
㉡ 앞 세대가 물려준 사물 또는 문화
㉢ 색과 향이 없는 신맛이 나는 액체
㉣ 상속에 의하여 피상속인으로부터 물려받는 재산

✎ ㉡

03 다음 빈칸에 공통으로 들어갈 낱말로 알맞은 것은 무엇인가요? [✎ ④]

· 족보에 외손을 포함하여 모든 자손을 (등재)하였다.
· 선거인 명부에 (등재)된 국민 모두가 투표에 참여할 수 있다.
· 연천 전곡리의 구석기 유적은 세계 고고학 지도에 (등재)되었다.

① 등락　② 등반　③ 등사　④ 등재　⑤ 등행

076쪽 077쪽 078쪽 079쪽

19 고려 시대 역사책의 편찬

080쪽 081쪽

글을 읽으면서 중요하다고 생각하는 낱말에 색칠해 보세요.

가 고려 시대에는 역사 서술을 중시하여 역사책의 편찬이 활발하였어요. 고려 전기에는 『삼국사』, 『7대 실록』과 같은 역사책을 편찬하였어요. 특히, 『7대 실록』은 거란의 침략으로 대부분의 국가 기록이 불타자 남은 기록을 모아 고려 건국 초부터 7대 목종까지의 역사를 연대별로 편찬한 책이라고 해요. 그러나 이들 역사서는 현재 전하지 않고 있어요. 지금까지 전하는 가장 오래된 역사서는 『삼국사기』랍니다. 『삼국사기』는 유학자인 김부식이 인종의 명령에 따라 편찬한 역사서로, 유교적 [1]합리주의 [2]사관에 따라 [3]설화나 신화 등 옛 기록의 신비한 내용은 많이 빼고 자세히 기록하지 않았어요. 또한 신라를 중심으로 역사를 서술하여 고려가 통일 신라를 계승하였다고 보았어요.

나 고려에서는 몽골의 침입과 원 간섭기를 겪으면서 [4]자주 의식을 담은 역사책들이 편찬되었어요. 이규보는 고구려를 세운 동명왕을 영웅으로 칭송하며 「동명왕편」을 지었어요. 「동명왕편」에서는 [5]고대의 신비로운 기록을 존중하고 고려가 고구려를 이어받았다는 의식을 드러냈어요. 원 간섭기에는 승려 일연이 『삼국유사』를 저술하였어요. 이 책은 삼국의 역사와 함께 불교에 관한 내용을 수록하였어요. 여기에 민간에 전하는 전설, [6]야사, 설화, 신화 등 『삼국사기』에서 빠진 내용까지 담았어요. 또한 처음으로 단군의 건국 이야기를 기록하여 우리 역사의 유구함을 보여 주기도 하였답니다. 이승휴는 『제왕운기』에서 고조선부터 고려 시대까지의 역사를 서술하였는데, 단군 조선을 우리 민족 최초의 국가로 보았어요.

다 고려 후기에는 성리학을 수용하면서 정통과 [7]대의명분을 강조하는 유교 사관이 나타났어요. 이제현이 저술한 『사략』은 이러한 유교 사관이 적용된 역사책이에요. 이 책은 홍건적의 침입으로 공민왕이 안동으로 피란갈 때 분실되어 현재는 전하지 않고 있어요.

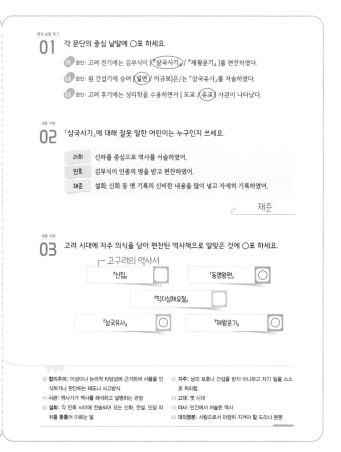

중심 낱말 찾기
01 각 문단의 중심 낱말에 ○표 하세요.

가 문단: 고려 전기에는 김부식이 [(삼국사기)/ 제왕운기]를 편찬하였다.
나 문단: 원 간섭기에 승려 [(일연)/ 이규보]은/는 『삼국유사』를 저술하였다.
다 문단: 고려 후기에는 성리학을 수용하면서 [도교 /(유교)] 사관이 나타났다.

내용 이해
02 『삼국사기』에 대해 잘못 말한 어린이는 누구인지 쓰세요.

라희	신라를 중심으로 역사를 서술하였어.
민호	김부식이 인종의 명을 받고 편찬하였어.
재준	설화, 신화 등 옛 기록의 신비한 내용을 많이 넣고 자세히 기록하였어.

✏ 재준

내용 이해
03 고려 시대에 자주 의식을 담아 편찬된 역사책으로 알맞은 것에 ○표 하세요.

┌ 고구려의 역사서
「신집」 □   「동명왕편」 ○
「직지심체요절」 □
『삼국유사』 ○   『제왕운기』 ○

① 합리주의: 이성이나 논리적 타당성에 근거하여 사물을 인식하거나 판단하는 태도나 사고방식
② 사관: 역사가가 역사를 해석하고 설명하는 관점
③ 설화: 각 민족 사이에 전승되어 오는 신화, 전설, 민담 따위를 통틀어 이르는 말
④ 자주: 남의 보호나 간섭을 받지 아니하고 자기 일을 스스로 처리함
⑤ 고대: 옛 시대
⑥ 야사: 민간에서 저술한 역사
⑦ 대의명분: 사람으로서 마땅히 지켜야 할 도리나 본분

082쪽 083쪽

내용 이해
04 다음 역사책과 그 특징을 선으로 이으세요.

역사책
① 『사략』
② 「동명왕편」
③ 『삼국유사』
④ 『7대 실록』

특징
㉠ 유교 사관이 적용된 역사책이다.
㉡ 고려가 고구려를 이어받았음을 드러냈다.
㉢ 고려 건국 초부터 7대 목종까지의 역사를 연대별로 편찬하였다.
㉣ 삼국의 역사와 함께 불교에 관한 내용, 전설, 설화 등의 내용을 기록하였다.

내용 이해
05 이 글을 읽고 그 답을 알 수 있는 질문이 아닌 것은 무엇인가요? [✏ ③]

① 「동명왕편」을 저술한 인물은 누구인가요?
② 『삼국유사』에는 어떤 내용이 수록되어 있나요?
③ 백제를 중심으로 서술된 역사책은 무엇인가요?
④ 지금까지 전하는 가장 오래된 우리의 역사책은 무엇인가요?
⑤ 어떤 역사책에서 단군의 건국 이야기를 처음으로 기록하였나요?
도움말 | ③ 백제를 중심으로 서술된 역사책은 이 글에서 다루고 있지 않아요.

내용 추론
06 다음 두 역사책의 공통점으로 알맞은 것은 무엇인가요? [✏ ①]

• 일연의 『삼국유사』
• 이승휴의 『제왕운기』

① 단군에 대해 기록하였다.
② 고려 전기에 편찬된 역사서이다.
③ 거란의 침략으로 불타 없어졌다.
④ 고려 인종의 명령을 받아 편찬하였다.
⑤ 유교적 합리주의 사관에 따라 서술되었다.
도움말 | 나 문단을 보면 『삼국유사』에서 처음으로 단군의 건국 이야기를 기록하였고, 『제왕운기』에서 단군 조선을 우리 민족 최초의 국가로 서술하였다는 것을 알 수 있어요.

01 다음 뜻을 나타내는 낱말에 ○표 하세요.
① 민간에서 저술한 역사 [(야사)/ 정사]
② 역사가가 역사를 해석하고 설명하는 관점 [사감 /(사관)]
③ 사람으로서 마땅히 지켜야 할 도리나 본분 [공명정대 /(대의명분)]

02 다음 문장의 빈칸에 들어갈 낱말을 보기에서 찾아 쓰세요.

보기
고대   수용   설화   합리주의

① 과학은 (합리주의)을/를 기초로 하는 학문이다.
② 이 지역에는 오래전부터 내려오는 (설화)이/가 있다.
③ 이 불상은 (고대)에 만들어진 유물로 문화적 가치가 크다.
④ 우리 문화에 대한 주체성을 바탕으로 외국 문화를 (수용)해야 한다.

03 다음 글의 밑줄 친 '자주'와 같은 뜻으로 사용된 문장은 무엇인가요? [✏ ①]

우리 민족은 자주 국가를 유지하면서 근대화를 이룩하려 하였다.

① 공민왕은 반원 자주 개혁을 펼쳤다.
② 장마가 시작되면서 비가 자주 내렸다.
③ 그 한복은 연노랑 저고리에 자주 고름이 달렸다.
④ 여진은 세력이 강해지면서 고려와 자주 부딪혔다.
⑤ 권력 다툼이 일어나면서 최고 권력자가 자주 바뀌었다.

20 고려 시대의 공예와 불화

글을 읽으면서 중요하다고 생각하는 낱말에 색칠해 보세요.

㉮ 고려 시대를 대표하는 공예품으로 고려청자가 있어요. 고려인들은 조상들의 기술을 바탕으로 중국의 기술을 받아들여 [●]비취색에 독특한 무늬가 더해진 [●]상감 청자라는 독창적인 예술품을 만들어 냈어요. 상감 기법은 청자의 표면에 무늬를 새기고, 거기에 다른 색의 흙을 메운 후 [●]유약을 발라 굽는 방법이에요. 청자를 만들려면 그릇을 만드는 흙의 종류부터 달라야 해요. 또한 청자를 구울 때 높은 온도를 일정하게 유지하기 위해 [●]가마를 만드는 기술과 불을 다루는 기술이 뛰어나야 하지요. 광택이 나고 단단한 청자를 만들려면 유약을 만드는 기술도 발달해야 해요. 고려청자를 보면 고려 사람들의 도자기 공예 기술이 얼마나 뛰어났는지를 알 수 있어요. 고려청자는 주전자, 의자, 찻잔, 베개, 향로 등 다양한 용도로 만들어졌어요. 고려청자는 만들기가 어렵고 가치가 높아 귀족들 사이에서 널리 사용되었어요. 하지만 고려 후기에 이르러서는 평민도 질 낮은 청자를 사용할 정도로 청자 생산이 크게 늘어났어요.

㉯ 고려 시대에는 나무로 만든 물품의 표면에 [●]옻칠을 하고 그 위에 [●]자개를 오려 붙여 무늬를 내는 나전 칠기 공예도 크게 발달하였어요. 원의 황후는 고려 나전 칠기의 아름다움에 반해 불경을 담는 함을 보내 달라고 요청하기도 했어요. 현재 남아 있는 불경함, 문방구 등은 고려 나전 칠기의 아름다움을 잘 보여 줍니다.

㉰ 고려 후기에는 지배층의 평안과 [●]극락왕생을 기원하는 불화가 왕실과 귀족 사이에서 큰 인기를 얻었어요. 부처와 이상 세계를 표현한 그림인 불화는 비단 바탕에 금가루 등을 사용하여 화려하게 제작되었어요. 현재 남아 있는 대부분의 작품은 14세기의 것으로, 표현과 기법이 섬세하고 아름다워 세계적으로 그 예술적 가치를 인정받고 있어요. 대표적인 작품으로는 일본에 전해 오는 혜허의 「양류관음도」를 들 수 있어요.

---

01 각 문단의 중심 낱말을 찾아 쓰세요.

㉮ 문단: **고려청자**와 상감 기법의 발달

㉯ 문단: **나전칠기** 공예의 발달

㉰ 문단: 고려 후기의 **불화** 제작

02 다음 중 고려청자 제작과 관련이 있는 내용에 ○표 하세요.

- ⊙ 가마
- 비단
- 옻칠
- ⊙ 유약
- 자개
- ⊙ 상감 기법

도움말 | 비단은 불화, 옻칠과 자개는 나전 칠기 제작과 관련이 있어요.

03 다음 내용이 맞으면 ○, 틀리면 ✕에 표시하세요.

① 고려 시대에는 나전 칠기로 불경함, 문방구 등을 만들었다. [○/✕]

② 고려 후기에는 청자 생산이 크게 줄어들면서 귀족들만 청자를 사용하였다. [○/⊗]

③ 그릇 표면에 무늬를 새기고 거기에 다른 색의 흙을 메운 후 유약을 발라 굽는 방법을 상감 기법이라고 한다. [○/✕]

→ 청자 생산이 크게 늘면서 평민도 청자를 사용하였어요.

● 비취색: 옥처럼 곱고 짙은 초록색
● 상감: 금속이나 도자기 등의 표면에 무늬를 새겨서 그 속에 금, 은 따위를 박아 넣는 공예 기법
● 유약: 도자기를 구울 때 그 겉면에 바르는 약
● 가마: 숯이나 도자기 · 기와 · 벽돌 등을 구워 내는 시설
● 옻칠: 가구나 나무 그릇 따위에 윤을 내기 위하여 옻을 바르는 일
● 자개: 조개껍데기를 잘라 낸 조각으로 빛깔이 아름다워 가구 등을 장식하는 데 쓰임.
● 극락왕생: 죽어서 극락에 다시 태어남.

084쪽 085쪽

---

04 다음에서 설명하는 그림은 무엇인지 이 글에서 찾아 쓰세요.

- 부처와 이상 세계를 표현하였다.
- 고려 후기에 지배층의 평안과 극락왕생을 기원하며 많이 제작되었다.

✎ **불화**

05 이 글의 내용과 일치하도록 괄호 안의 낱말 중 알맞은 것에 ○표 하세요.

① 혜허의 [「천마도」/「양류관음도」]는 고려 불화를 대표하는 작품이다.

② [당 / 원]의 황후는 고려 나전 칠기의 아름다움에 반해 불경함을 보내 달라고 요청하기도 하였다.

06 이 글을 읽고 알 수 있는 내용이 아닌 것은 무엇인가요? [✎ ②]

① 고려청자의 용도
② 금속 활자의 제작
③ 고려청자의 상감 기법
④ 나전 칠기 공예의 의미
⑤ 고려 후기 불화의 제작 목적

07 다음은 고려 시대의 도자기예요. 이에 대해 바르게 설명한 어린이는 누구인지 쓰세요.

노율: 비단을 사용해 화려하게 만들었어요. → 고려 불화

수현: 옻칠을 한 위에 자개를 오려 붙여 무늬를 냈어. → 나전 칠기 공예

하은: 맑고 투명한 비취색 바탕에 흑백 상감으로 무늬를 표현하였어.

✎ **하은**

도움말 | 제시된 공예품은 청자 상감 운학문 매병으로 고려 청자의 대표적인 작품이에요.

---

01 다음 뜻을 나타내는 낱말을 쓰세요.

① 숯이나 도자기 · 기와 · 벽돌 등을 구워 내는 시설 **가마**

② 조개껍데기를 잘라낸 조각으로 빛깔이 아름다워 가구 등을 장식하는 데 쓰임. **자개**

③ 금속이나 도자기 등의 표면에 무늬를 새겨서 그 속에 금, 은 따위를 박아 넣는 공예 기법 **상감**

02 다음 빈칸에 들어갈 낱말을 오른쪽 상자에서 찾아 쓰세요.

① 햇살을 받은 바다가 아름다운 **비취색**으로 빛났다. ● 옥처럼 곱고 짙은 초록색

② 도공은 도자기에 **유약**을 바른 후 가마에 넣어 구웠다. ● 도자기를 구울 때 그 겉면에 바르는 약

③ 사찰에는 **극락왕생**을 염원하는 연등이 달려 있었다. ● 죽어서 극락에 다시 태어남.

태	평	유	약
극	균	유	식
락	적	자	다
왕	좌	적	홍
생	비	취	색

03 다음 ㉠~㉢을 모두 포함할 수 있는 낱말로 알맞은 것은 무엇인가요? [✎ ③]

고려에서는 11세기까지 맑고 투명한 비취색의 ㉠순청자를 주로 만들었고, 12세기경에는 다양한 무늬를 넣은 ㉡상감 청자를 만들었다. 한편, 목제품에 옻칠을 하고 조개껍데기를 오려 붙여 만든 ㉢나전 칠기도 많이 만들어졌다.

① 그림
② 서적
③ 공예품
④ 도자기
⑤ 인쇄술

086쪽 087쪽

실력
확인
088쪽

01 다음에서 설명하는 나라를 쓰세요.

> 송악의 호족인 왕건이 세운 나라로, 신라와 후백제뿐만 아니라 발해 유민까지 받아들여 민족의 재통합을 이루었다.

✎ _____ 고려 _____

도움말 | 왕건은 고려를 세우고 후삼국을 통일하였어요.

02 태조 왕건의 정책으로 알맞지 **않은** 것은 무엇인가요? [✎ ③]

① 북진 정책 추진   ② 기인 제도 실시
③ 노비안검법 추진   ④ 사심관 제도 실시

도움말 | ③은 고려 광종이 추진한 정책이에요.

03 다음 중 검색 결과로 알맞은 것은 무엇인가요? [✎ ④]

← →   고려 성종   🔍 ≡

① 훈요 10조를 남겼다.
② 송악으로 도읍을 옮겼다.
③ 과거제를 처음으로 실시하였다.
④ 최승로의 시무 28조를 받아들였다.
⑤ 묘청을 등용하여 개혁을 추진하였다.

도움말 | ①, ②는 태조 왕건, ③은 고려 광종, ⑤는 고려 인종에 해당하는 설명이에요.

04 다음 업적을 남긴 인물은 누구인가요? [✎ ①]

> 거란의 장수 소손녕과 외교 담판을 벌여 강동 6주를 획득하였다.

① 서희   ② 양규
③ 강감찬   ④ 이자겸

도움말 | 고려의 서희가 외교 담판으로 압록강 동쪽의 요충지인 강동 6주를 고려 영토로 인정받았어요.

05 (가)에 들어갈 퀴즈의 정답을 쓰세요.

> 윤관이 여진 정벌을 위해 조직한 고려의 특수 부대는 뭘까?

한국사 스피드 퀴즈

(가)

✎ _____ 별무반 _____

도움말 | 윤관은 여진 정벌을 위해 기병을 중심으로 보병, 승병으로 이루어진 별무반을 조직하였어요.

06 고려의 교류 모습으로 알맞은 것을 보기 에서 모두 고른 것은 무엇인가요? [✎ ②]

보기
㉠ 송의 선진 문물을 받아들였다.
㉡ 벽란도에서 각국 상인과 교류하였다.
㉢ 거란의 침입을 물리친 후 거란과는 교류를 끊었다.
㉣ 아라비아 상인과 교류하면서 코리아라는 이름을 서방 세계에 알렸다.

① ㉠, ㉡   ② ㉠, ㉡, ㉣
③ ㉡, ㉢, ㉣   ④ ㉠, ㉡, ㉢, ㉣

도움말 | ㉢ 거란의 침입을 물리친 후 고려는 거란과 외교 관계를 맺고 거란에 정기적으로 사신을 파견하였어요.

07 고려 문벌의 특징으로 알맞지 **않은** 것은 무엇인가요? [✎ ⑤]

① 음서의 혜택을 누렸다.
② 세습이 가능한 공음전을 받았다.
③ 고리대로 재산을 늘리기도 하였다.
④ 왕실이나 비슷한 가문과 혼인 관계를 맺었다.
⑤ 홍건적과 왜구를 물리치는 과정에서 성장하였다.

도움말 | ⑤는 고려 말에 성장한 신흥 무인 세력에 대한 설명이에요.

08 ㉠, ㉡에 들어갈 내용을 알맞게 연결한 것은 무엇인가요? [✐ ②]

> 고려 인종 때 승려 (㉠)을 중심으로 한 서경 세력은 (㉡)을/를 사상적 근거로 하여 서경으로 천도할 것을 주장하였다.

	㉠	㉡
①	묘청	유교
②	묘청	풍수지리설
③	김부식	유교
④	김부식	풍수지리설

도움말 | 승려 묘청, 정지상 등 서경 세력은 풍수지리설을 사상적 근거로 서경 천도 운동을 펼쳤어요.

09 교정도감에 대해 바르게 말한 어린이는 누구인가요? [✐ ④]

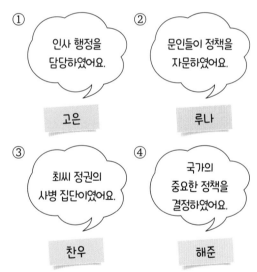

① 인사 행정을 담당하였어요. **고은**

② 문인들이 정책을 자문하였어요. **루나**

③ 최씨 정권의 사병 집단이였어요. **찬우**

④ 국가의 중요한 정책을 결정하였어요. **해준**

도움말 | ①은 정방, ②는 서방, ③은 도방과 관련된 내용이에요.

10 만적의 난에 대한 설명으로 알맞은 것은 무엇인가요? [✐ ③]

① 공주 명학소에서 일어났다.
② 농민들이 일으킨 봉기이다.
③ 신분 해방을 목적으로 하였다.
④ 경주 세력과 합세하여 정부에 저항하였다.
⑤ 무신들이 문신과의 차별에 불만을 품고 일으켰다.

도움말 | 개경에서 사노비였던 만적이 신분 해방을 목적으로 봉기를 시도하였어요.

11 다음 밑줄 친 '이곳'은 어디인지 쓰세요.

> 몽골이 1차 침입 이후에도 계속해서 무리한 요구를 해 오자 고려의 최씨 정권은 도읍을 이곳으로 옮겨 몽골에 맞서 싸우려고 하였다.

✐ 강화도

도움말 | 최씨 정권은 몽골의 간섭에 맞서 도읍을 강화도로 옮기고 항전을 준비하였어요.

12 다음 보기 에서 몽골의 고려 침입 당시 불탄 문화재를 모두 골라 기호를 쓰세요.

보기

㉠ 『삼국사기』	㉡ 초조대장경
㉢ 팔만대장경	㉣ 황룡사 9층 목탑

✐ ㉡, ㉣

도움말 | 몽골의 고려 침입으로 대구 부인사의 초조대장경과 경주의 황룡사 9층 목탑 등이 불에 탔어요.

13 다음 특징을 지닌 고려의 세력으로 알맞은 것은 무엇인가요? [✐ ③]

> • 원과 친한 성향을 지녔다.
> • 대규모 농장을 가지고 있었다.
> • 국왕과 함께 원에서 생활하며 성장한 인물도 있었다.

① 무신
② 문벌
③ 권문세족
④ 신진 사대부

도움말 | 원 간섭기에 원과 친한 성향을 가진 이들이 권문세족을 형성하였어요.

14 공민왕의 개혁으로 알맞지 <u>않은</u> 것은 무엇인가요? [✐ ②]

① 정동행성을 없앴다.
② 팔만대장경을 만들었다.
③ 기씨 일족을 제거하였다.
④ 쌍성총관부를 공격하였다.
⑤ 전민변정도감을 설치하였다.

도움말 | ②는 최씨 정권 시기에 있었던 일이에요.

15 다음 두 세력의 공통점으로 알맞은 것은 무엇인가요? [✎ ①]

> • 신진 사대부　　　• 신흥 무인 세력

① 고려 말에 새롭게 등장하였다.
② 서경으로 천도할 것을 주장하였다.
③ 왜구와 홍건적 격퇴에 공을 세웠다.
④ 명에 가서 사신의 역할을 수행하였다.
⑤ 원 간섭기 음서의 방법으로 관직을 차지하였다.

도움말 | ②는 서경 세력, ⑤는 권문세족에 대한 내용이에요. ③은 신흥 무인 세력, ④는 신진 사대부에만 해당하는 내용이에요.

16 고려의 가족 제도에 대한 설명으로 알맞은 것을 보기 에서 모두 고른 것은 무엇인가요?

[✎ ②]

> **보기**
> ㉠ 아버지만 호주가 될 수 있었다.
> ㉡ 호적에 태어난 순서대로 적었다.
> ㉢ 딸에게는 재산을 물려주지 않았다.
> ㉣ 어머니 쪽 조상에 힘입어 외손자가 음서의 혜택을 받을 수 있었다.

① ㉠, ㉢　　　　　② ㉡, ㉣
③ ㉠, ㉡, ㉢　　　④ ㉡, ㉢, ㉣

도움말 | ㉠ 어머니도 호주가 될 수 있었어요. ㉢ 아들, 딸 상관없이 균등하게 재산을 물려주었어요.

17 ㉠, ㉡에 들어갈 인물은 누구인지 쓰세요.

인물	주요 활동
(㉠)	고려 중기에 천태종을 창시하여 교종의 입장에서 선종을 합치려 함.
(㉡)	무신 집권기에 수선사를 중심으로 불교 개혁 운동을 펼쳤으며, 선종을 중심으로 교종을 포용함.

✎ ㉠: 의천　　㉡: 지눌

도움말 | ㉠ 의천이 천태종을 창시하였고, ㉡ 지눌이 수선사를 중심으로 불교 개혁 운동을 펼쳤어요.

18 다음 대화의 밑줄 친 '이 문화재'에 해당하는 것은 무엇인가요? [✎ ①]

> 이 문화재는 몽골의 고려 침입 당시 만들어졌어.

> 이 문화재는 목판 8만여 장에 불경을 새긴 것으로 유명해.

① 팔만대장경　　　② 『제왕운기』
③ 『직지심체요절』　④ 무구정광대다라니경

도움말 | 고려인들은 부처의 힘으로 몽골의 침입을 이겨 내고자 팔만대장경을 만들었어요.

19 『삼국유사』에 대한 설명으로 알맞지 <u>않은</u> 것은 무엇인가요? [✎ ③]

① 승려 일연이 저술하였다.
② 단군의 건국 이야기를 담았다.
③ 유교적 합리주의 사관에 따랐다.
④ 전설, 야사, 설화 등을 수록하였다.
⑤ 삼국의 역사와 함께 불교와 관련된 내용을 기록하였다.

도움말 | ③ 유교적 합리주의 사관에 따른 역사서는 『삼국사기』예요.

20 다음과 같은 과정으로 만들어진 고려의 예술품으로 알맞은 것은 무엇인가요? [✎ ④]

> 그릇 모양을 만든 뒤 그릇의 표면에 무늬를 새기고, 거기에 다른 색의 흙을 메웠다. 그 후 유약을 바르고 가마에서 구웠다.

① 불화　　　　　② 금속 활자
③ 나전 칠기　　　④ 상감 청자

도움말 | 고려 시대에는 상감 기법을 활용하여 상감 청자라는 독창적인 예술품을 만들어 냈어요.

memo

memo